그리스도 안에서 함께 하라

그리스도 안에서 함께 하라

에베소 교회에 보낸 바울의 편지

© 송태근

초판 1쇄 인쇄 | 2023년 04월 17일
초판 1쇄 발행 | 2023년 04월 25일

지은이 | 송태근
발행인 | 강영란
편집 | 박관용, 권지연
디자인 | 트리니티
마케팅 및 경영지원 | 이진호

펴낸곳 | 샘솟는기쁨
주소 | 서울시 충무로 3가 59-9 예림빌딩 402호
전화 | 대표 (02)517-2045
팩스 | (02)517-5125(주문)

이메일 | atfeel@hanmail.net
홈페이지 | https//blog.naver.com/feelwithcom
페이스북 | https//www.facebook.com/publisherjoy
출판등록 | 2006년 7월 8일

ISBN 979-11-92794-07-5(03230)

에베소 교회에 보낸 바울의 편지

그리스도 안에서 함께 하라

송태근 지음

샘솟는
기쁨

바울은 왜 교회의 기초에 대해 되짚었을까?

이 책『그리스도 안에서 함께 하라』는 삼일교회 강단을 통해 지난 2022년 7월 말부터 12월 말까지 에베소서 처음부터 마지막까지 강해한 내용이 중심이 되었다. 짧지 않은 시간 동안 설교해 왔지만 에베소서 강해는 이때가 처음이다.

줄곧 에베소서 강해를 미뤄둔 이유는 단순하다. 그리 많지 않은 분량의 서신 안에 담긴 하나님의 이야기, 그 메시지의 넓이와 깊이가 너무 어마어마하게 느껴졌기 때문이었다. 좀처럼 설교할 엄두가 나지 않았다. 그러다가 코로나19로 오랜 기간 위축될 수밖에 없는 교회를 보면서, 교회가 들어야 할 하나님의 말씀은 에베소서에 있다는 확신이 들었고, 마음 한편에 늘 숙제처럼 남아 있던 에베소서를 강해하기로 겨우 용기를 낼 수 있었다.

바울의 에베소 사역은 많은 열매가 있는 만큼 환난도 많았다. 다른 서신에서 "에베소에서 맹수와 더불어 싸웠다"(고전 15:32)라고 언급할 만큼, 바울은 에베소에서 결코 만만치 않은 사역을 감당해야 했다. 게다가 바울은 에베소 장로들에게 앞으로 교회 안에 '사나운 이리'가 들어와 양을 아끼지 아니할 것(행 20:29)을 경고하였다.

이 서신이 쓰여질 당시 에베소 교회는 안팎으로 만만치 않은 상황이었다는 것을 짐작하기가 어렵지 않다. 오늘날 교회들이 처한 현실 또한 그러하다. 그렇다면 겹겹이 우겨쌈을 당하고 있는 에베소 교회가 들어야 할 하나님의 말씀은 무엇이었을까?

놀랍게도 바울은 교회의 기초를 되짚는데 서신의 상당 부분을 할애하고 있다. 하나님께서 왜 그리스도 안에서 교회를 부르셨는지, 그래서 그 교회를 얼마나 사랑하시는지, 그렇다면 교회는 어떤 모습으로 이 땅에 존재해야 하는지를 다시 들려준다. 에베소서가 황홀하면서도 어려운 것은 바로 이 때문이다.

우리 시선은 이 땅의 어려움에 집중되어 있고, 지금 당장 환난에서 벗어나려고 급급하다. 그러나 바울은 우리의 눈을 들어 하늘을 보게 한다. 이 모든 일을 시작하시고 주관하시는 전능자의 손길에 주목하게 하고, 그분의 경영이 영원에 잇대어 있다는 사실에 눈뜨게 한다.

마찬가지로 여러모로 답답함 속에 처한 오늘의 한국교회도 본질적으로 필요한 것은 우리의 기초에 관한 것이다. 다양한 현실적인 처방과 대안이 필요치 않다는 말이 아니다. 그러나 문제를 푸는 시작점은 항상 근원에 있다는 것을 기억해야 한다.

교회는 영원하신 사랑 가운데 하늘의 부르심을 받은 사람들이고, 예수 그리스도 안에서 하나가 된 그분의 몸이다. 이 땅에서 삼위 하나님의 영광을 드러내기 위하여 보냄 받은 공동체다. 그러므로 교회는 사람들의 모임 이상이고, 단순한 조직 이상이다. 눈에 나타나는 것만으로 이해될 수 없는 곳이다. 교회가 마주하는 현실은 혈과 육의 싸움으로 이해해서는 안 된다(엡 6:12).

그러므로 바울이 에베소 성도들의 '마음의 눈을 밝혀주시도록'(엡 1:18) 간구한 것은 결코 형식적인 인사치레가 아니었다. 바울은 교회와 성도들이 이 땅의 어려움을 마주하며 당당하게 걸어갈 수 있는 유일한 능력에 대해서 말하고 있다. 그 어떤 것보다 우리의 눈이 열려 삼위 하나님의 경영을 깨달을 수 있어야 한다는 것이다.

예수 그리스도 안에서 나타난 그분의 능력과 영광을 바라볼 수 있어야 한다. 이것은 인간의 지혜나 지식만으로는 결코 헤아릴 수 없다. 그래서 바울은 성도들을 놓고 기도하지 않을 수 없었다. 지혜와 계시의 영이신 성령을 통해서만 교회는 눈뜰 수 있기 때문이다.

그런 이유에서 에베소서 강해를 하는 동안 그 어느 때보다 절로 기도가 나왔다. 무엇보다 설교자 자신이 이 말씀의 놀라움과 신비를 깨닫게 해달라고 기도하지 않을 수 없었다. 이해의 벽에 부딪히고 전달의 한계를 마주할 때마다 가슴을 내리쳐야만 했고, 이 부족한 설교자를 통해 말씀을 듣는 성도들을 위해 기도하게 되었다.

설교자의 한계를 넘어 역사하시는 하나님의 능력을 그 어느 때보다 사모했다. 이 말씀을 교회와 성도가 처한 오늘날의 현실을 뛰어넘어서 위로부터 주어지는 하나님의 지혜와 능력을 바라볼 수 있게 해달라고 기도할 수밖에 없었다.

이제 그러한 기도는 이 책을 손에 들게 된 독자들을 향하게 되었다. 다섯 달간의 강해를 책으로 엮어내 보니 부족함이 먼저 눈에 들어온다. 더 자세하고 매끄럽게 다루지 못한 부분과 이해와 전달의 한계가 고스란히 드러나기도 해서 부끄러울 따름이다. 역시나 하나님께서 저자와 지면의 한계를 뛰어넘어 독자들 가운데 역사해 주시기를 겸손히 기도할 뿐이다. 혹여 설교를 위해 이 책을 참고하고자 하는 신학생이나 목회자분께는 아래 이 강해에 참고한 주요 도서 목록이 도움이 되었으면 한다.

끝으로, 부족한 목사의 설교를 하나님의 말씀으로 받고 삶의 자리에서 살아내고자 분투하는 사랑하고 사랑하는 삼일교회 모든 성도들에게 감사와 존경의 말씀을 드리고 싶다. 또한 설교를 문서로 정리하는 일에 성실히 섬겨주시는 봉사자분들께 감사의 인사를 드린다. 하나님 나라의 동지 된 마음으로 출판 사역에 함께하는 '도서출판 샘솟는기쁨'에게도 응원과 감사의 말씀을 전한다.

[이 강해를 위해 참고한 주요 도서]

길성남. 『에베소서 어떻게 읽을 것인가』. 성서유니온선교회, 2016.

김홍전. 『그리스도의 지체로 사는 삶』. 성약출판사, 2003.

데이비드 A. 드실바. 『문화의 키워드로 신약성경 읽기』. 새물결플러스, 2019.

스티븐 테일러 외. 『고난과 하나님의 선교』. Ivp, 2022.

앤드류 T. 링컨. 『에베소서』. 솔로몬, 2006.

존 스토트. 『에베소서』. Ivp, 2007

Benjamin L. Merkle. *Ephesians*. B&H Academic, 2016.

Simon Austen. *Teaching Ephesians*. Christian Focus Publications, 2021.

Stephen E. Fowl. *Ephesians*. Westminster John Knox Press, 2012.

William J. Larkin. *Ephesians*. Baylor University Press, 2009.

차례

PART 1

놀라운

_____

_____

_____

하나님의 은혜

01 바울과 에베소 교회

에베소서 1:1~2

＊

에베소서를 읽기 전에, 이 서신의 배경을 먼저 살펴보고자 한다. 이 편지의 수신자로 거명되는 에베소 교회는 바울이 사역 중 가장 오랜 기간 머물면서 성도들을 가르친 교회이다. 에베소 교회에 대해 더 자세히 살펴보려면 사도행전 18~20장을 참고할 필요가 있다.

19에베소에 와서 그들을 거기 머물게 하고 자기는 회당에 들어가서 유대인들과 변론하니 20여러 사람이 더 오래 있기를 청하되 허락하지 아니하고 21작별하여 이르되 만일 하나님의 뜻이면 너희에게 돌아오리라 하고 배를 타고 에베소를 떠나 (행 18:19~21)

바울은 처음 에베소에 왔을 때, 평소 하던 대로 회당에 들어가서 유대인들과 변론했다. 에베소 지역의 유대인들은 그러한 바울에게 호감을 보이지 않았을까. 그러나 바울은 참 칼 같은 사람이었다. 여러 사람이 바울에게 더 머물러 달라고 간청했으나, "하나님의 뜻이면 너희에게 돌아오리라"라는 말을 남겨 놓고 에베소를 떠난다. 이후 예루살렘 교회를 방문하였고, 소아시아 지역의 교회들을 두루 살폈다.

> 1아볼로가 고린도에 있을 때에 바울이 윗지방으로 다녀 에베소에 와서 어떤 제자들을 만나 2이르되 너희가 믿을 때에 성령을 받았느냐 이르되 아니라 우리는 성령이 계심도 듣지 못하였노라 (행 19:1~2)

시간이 지나 바울은 다시 에베소에서 어떤 제자들을 만난다. 그들은 아직 성령에 대해 들어 본 적이 없었고, 요한의 세례만을 받았다고 했다. 아마 바울이 이곳에 도착하기 전에 사역하던 아볼로의 영향을 받은 사람들인 것 같았다. 아볼로는 성경을 잘 가르치는 사람이었지만, 브리스길라와 아굴라의 도움을 얻기 전에는 요한의 세례만 알고 있었다(행 18:24).

바울은 이 제자들에게 예수의 이름으로 세례를 베풀고 안수했다. 그때 그들에게 성령이 임하였는데, 그 자리에 있던 사람은 열두 명 정도였다. 이후 바울은 에베소의 회당에 들어가 석 달 동안 담대히 하나님의 나라에 관하여 강론했다(행 19:4~8).

그러자 곧 유대인들 가운데 바울에게 맞서 비방하는 자들이 등장했다. 더 이상 회당에서 사역을 지속할 수 없게 된 바울은 그곳을 떠나 두란노의 학당에서 제자들을 가르치기 시작했다. 그곳에서 이 년 동안이나 말씀을 가르치고 전하는 사역을 감당했다. 그 결과 그 지역 일대의 사람들은 유대인, 이방인 할 것 없이 다 주님의 말씀을 듣게 되었다(행 19:10).

바울의 사역은 가르침에만 국한되지 않았다. 바울에게서 성령의 능력과 은사가 나타나 병든 자가 나음을 입고 귀신이 떠나갔다(행 19:12). 특히 유대인 제사장 스게와의 일곱 아들 사건은 그지역에 큰 부흥을 가져오는 계기가 되었다(행 19:14~20). 이 같은 큰 부흥은 하나님의 나라가 그곳에 임하였음을 보여 주는 표지이기도 하다. 바울은 에베소에서 짧지 않은 기간 동안 주의 말씀이 힘 있게 역사하는 사역을 감당할 수 있었다.

> 24즉 데메드리오라 하는 어떤 은장색이 은으로 아데미의 신상 모형을 만들어 직공들에게 적지 않은 벌이를 하게 하더니 25그가 그 직공들과 그러한 영업하는 자들을 모아 이르되 여러분도 알거니와 우리의 풍족한 생활이 이 생업에 있는데 26이 바울이 에베소뿐 아니라 거의 전 아시아를 통하여 수많은 사람을 권유하여 말하되 사람의 손으로 만든 것들은 신이 아니라 하니 이는 그대들도 보고 들

은 것이라 27우리의 이 영업이 천하여질 위험이 있을 뿐 아니라 큰 여신 아데미의 신전도 무시 당하게 되고 온 아시아와 천하가 위하는 그의 위엄도 떨어질까 하노라 하더라 28그들이 이 말을 듣고 분노가 가득하여 외쳐 이르되 크다 에베소 사람의 아데미여 하니 29 온 시내가 요란하여 바울과 같이 다니는 마게도냐 사람 가이오와 아리스다고를 붙들어 일제히 연극장으로 달려 들어가는지라 (행 19:24~29)

에베소에서의 사역이 평탄하기만 했던 것은 아니었다. 바울의 사역이 흥왕하자, 이로 인하여 도시에 뜻밖에 소동이 일어나게 되었다. 에베소에는 예전부터 아데미(아르테미스) 여신을 섬기는 큰 신전이 있었는데, 당시 아데미 신전은 고대인들이 7대 불가사의 중 최고봉으로 여길 만큼, 그 위엄과 웅장함이 대단했던 것으로 알려져 있었다. 그러다 보니 에베소 지역에는 이 신전으로 생계를 유지하는 사람들이 상당히 많았다. 본문에 등장하는 '데메드리오' 같은 대장장이들은 아데미 신상을 만들어 내어 먹고 사는 사람들이었다.

바울을 통해 에베소와 아시아 지역에서 말씀 사역이 흥왕하자, 이들은 자신들의 생계가 타격을 받을까 걱정할 수밖에 없었다. 복음은 우상숭배를 금하기 때문이었다. 데메드리오는 바울로 인해서 자신들의 생계도 위협을 느끼고, 아데미 여신의 명예도 손상을 받을 것이라며 사람들을 선동하고 나섰다.

그의 선동은 잘 먹혔고, 사람들은 분노에 가득 차서 "크다 에 베소 사람의 아데미여"라고 외쳤다. 결국 바울의 일행인 가이오 와 아리스다고를 붙들어 잡아가기에 이르렀고, 다행히 관리가 나서서 무리를 진정시켜 집회를 해산하게 되었다. 이 사건은 에 베소 지역에서 성도들이 신앙을 지키면서 살아가는 동안 주위에 서 받았을 압박이나 위협이 무엇이었을지를 잘 보여 주는 광경 이었다.

에베소를 떠난 바울은 마게도냐 지방의 교회들을 살펴보았고 (행 20:1~2), 그리고 나서 다시 예루살렘을 향하여 발걸음을 옮기 게 된다. 예루살렘으로 향하는 도중에 더 이상 에베소로 돌아올 수 없을 것이라고 예감한 바울은, 밀레도에서 사람을 보내 에베 소 교회 장로들을 만나 마지막 인사를 나눈다.

> 22보라 이제 나는 성령에 매여 예루살렘으로 가는데 거기서 무슨
> 일을 당하는지 알지 못하노라 23오직 성령이 각 성에서 내게 증언
> 하여 결박과 환난이 나를 기다린다 하시나 24내가 달려갈 길과 주
> 예수께 받은 사명 곧 하나님의 은혜의 복음을 증언하는 일을 마치
> 려 함에는 나의 생명조차 조금도 귀한 것으로 여기지 아니하노라
> 25보라 내가 여러분 중에 왕래하며 하나님의 나라를 전파하였으나
> 이제는 여러분이 다 내 얼굴을 다시 보지 못할 줄 아노라 (중략) 36

이 말을 한 후 무릎을 꿇고 그 모든 사람들과 함께 기도하니 37다

크게 울며 바울의 목을 안고 입을 맞추고 38다시 그 얼굴을 보지 못

하리라 한 말로 말미암아 더욱 근심하고 배에까지 그를 전송하니

라 (행 20:22~38)

이들의 마지막 이별 장면은 바울과 에베소 성도들이 나누었

던 말씀 안에서의 교제가 얼마나 풍성한 것이었는지를 짐작하게

한다. 바울은 그의 말대로 더 이상 에베소로 돌아오지 못했고, 예

루살렘에서 로마로 압송되어 로마 감옥에 머물게 된다. 그 감옥

에서 기록한 옥중 서신 중 하나가 에베소 교회를 향한 편지, 에베

소서이다.

바울은 왜 이 편지를 기록해야 했을까? 먼저 에베소서의 주

요한 특징은 바울이 교회의 특정한 상황을 다루지 않는다는 점

이다. 대부분의 바울 서신들은 수신자들(교회)의 특별한 문제들

을 해결하기 위해 기록되었다. 그러나 에베소서의 경우는 그렇

지 않았다. 바울은 어떤 특별한 문제를 해결하기보다 광범위하

고 일반적인 가르침과 적용을 제시한다. 정확히 에베소 교회에

어떤 상황들이 있었는지 유추하기가 쉽지 않다.

다만 한 가지 분명한 기록 동기가 있다. 바울이 에베소 교인

들을 안심시키고 위로하기 위함이라는 것이다. 바울의 투옥 소

식을 듣고 걱정하고 있을 에베소 교회의 성도들을 안심시키고자 한 것이다.

> 그러므로 너희에게 구하노니 너희를 위한 나의 여러 환난에 대하여 낙심하지 말라 이는 너희의 영광이니라 (엡 3:13)

> 21나의 사정 곧 내가 무엇을 하는지 너희에게도 알리려 하노니 사랑을 받은 형제요 주 안에서 진실한 일꾼인 두기고가 모든 일을 너희에게 알리리라 22우리 사정을 알리고 또 너희 마음을 위로하기 위하여 내가 특별히 그를 너희에게 보내었노라 (엡 6:21~22)

우리는 에베소서의 기록 목적을 목양적 차원에서 이해해야 할 것이다. 바울은 에베소 교회를 향한 그의 애정과 염려 때문에 편지를 기록했고, 우선 자신의 투옥 사실이 성도들을 불안하게 하고 걱정할 것을 염려하여 그들을 안심시키고자 했다. 또한 불안한 시기에 성도들이 분위기에 휩쓸려 자칫 잘못된 가르침을 받아들이거나, 세속에 다시 물드는 일이 없도록 자신의 가르침을 상기시키고자 했다.

이와 관련하여 에베소에서 일어났던 데메드리오 사건을 깊이 생각해 볼 필요가 있다. 여전히 성도들은 아데미 신전을 중심으로 경제와 문화가 유지되는 도시에서 살아가고 있다. 그들은 "크도다 아데미여(속내는 크도다 돈이여)"를 외치며 살아간다. 성도들의 일상은 이런 영적 전투의 한복판에 놓여 있게 된다.

그런데 그들에게 복음을 전수한 바울이, 말씀으로 교회가 세워지도록 도왔던 바울이 로마 감옥으로 압송되고 말았다. 이때 성도들이 느꼈을 두려움이나 불안감은 말로 다 표현하기 어려웠을 것이다. 언제든 믿음에서 뒷걸음질 칠 염려가 있었다. 이러한 염려는 바울이 에베소 교회 지도자들에게 남겼던 마지막 말들에도 잘 나타난다.

> 28여러분은 자기를 위하여 또는 온 양 떼를 위하여 삼가라 성령이 그들 가운데 여러분을 감독자로 삼고 하나님이 자기 피로 사신 교회를 보살피게 하셨느니라 29내가 떠난 후에 사나운 이리가 여러분에게 들어와서 그 양 떼를 아끼지 아니하며 30또한 여러분 중에서도 제자들을 끌어 자기를 따르게 하려고 어그러진 말을 하는 사람들이 일어날 줄을 내가 아노라 31그러므로 여러분이 일깨어 내가 삼 년이나 밤낮 쉬지 않고 눈물로 각 사람을 훈계하던 것을 기억하라 32지금 내가 여러분을 주와 및 그 은혜의 말씀에 부탁하노니 그 말씀이 여러분을 능히 든든히 세우사 거룩하게 하심을 입은 모든 자 가운데 기업이 있게 하시리라 (행 20:28~32)

바울은 그가 떠난 에베소 교회에서 여러 문제가 발생할 수 있으리라 생각했다. 특히 이리 같은 자들이 교회에 들어와서 자기를 따르게 하려고 성도들을 갈라놓고 흔들어 놓을 것을 걱정했다. 그로 인해 그가 삼 년이나 에베소에 머물며 쉬지 않고 눈물로 뿌린 말씀의 씨앗이 열매 맺지 못할 수도 있었다. 이미 충분히 예측 가능한 상황이었다.

하지만 바울은 주님과 그 은혜의 말씀에 성도들을 내어 맡겼다. 감사하게도 '그 말씀'이 성도들을 든든히 세울 것이라 확신했다. 그러므로 에베소서는 에베소 교회를 향한 사도 바울의 말씀 사역의 연장선에 있다고 보아야 할 것이다.

하나님의 말씀과 복음이 성도들을 보호하고, 교회를 세울 것이라 확신했던 바울이었으므로 에베소서에는 에베소 성도들에게 가르쳐 왔고, 또 가르치고자 한 말씀의 정수가 녹아 있다고 할 수 있다. 그는 그 은혜의 말씀에 성도들을 내어 맡기고 있었다.

우리는 앞으로 에베소서를 통해 바울이 어떤 말씀들로 교회를 세워 나가고 있었는지를 살펴보게 된다. 그리고 그 동일한 말씀이 오늘날 우리 교회를 어떻게 세워 나가길 원하시는지 경험하게 되리라 믿는다.

02 하나님 뜻 안의 인생

에베소서 1:1~6

✳

1하나님의 뜻으로 말미암아 그리스도 예수의 사도 된 바울은 에베소에 있는 성도들과 그리스도 예수 안에 있는 신실한 자들에게 편지하노니 2하나님 우리 아버지와 주 예수 그리스도로부터 은혜와 평강이 너희에게 있을지어다 (엡 1:1~2)

에베소서 1장 1~2절은 고대 서신의 일반적인 형식이면서, 동시에 바울 서신의 전형적인 인사말이다. 이 서신을 보내는 자는 그리스도 예수의 사도, 바울이다. 그는 하나님의 뜻으로 사도가 되었다고 스스로를 소개한다.

'하나님의 뜻'은 바울이 앞으로 풀어낼 이야기의 중심축이다.

바울이 태어나서 바리새인으로 자라고, 하나님께로부터 부름받아 예수님의 사도가 되고, 지금 로마 감옥에 갇혀 있는 현실에 이르기까지 하나님의 뜻에서 비껴간 것은 아무것도 없다.

바울이 여기서 '하나님의 뜻'이라고 말할 때, 이는 보다 구체적인 의미를 가진다. 하나님의 뜻은 예수 그리스도 안에서 하나님께서 이루고자 하시는 일이다. 세상을 향한 하나님의 계획이라고 말할 수 있다. 하나님은 주먹구구 되는 대로 세상을 경영하는 분이 아니시다. 혹은 세상을 알아서 돌아가게 던져두고 관망하는 분도 아니시다. 하나님은 세상을 향한 분명한 뜻을 갖고 계시며, 그 뜻을 직접 이루어 가신다.

사도 바울뿐만 아니라, 성도들 모두가 그 하나님의 뜻 안에 있다. 성도가 미래에 대해 두려워하지 않고, 사방으로 욱여쌈 당하는 현실을 견뎌 낼 수 있는 것은, 작게는 우리의 삶이, 크게는 우주의 역사가 하나님의 뜻 안에 있다는 확신 때문이다. 하나님의 뜻이 아니고서는 참새 한 마리도 땅에 떨어질 수 없다. 우리는 참새보다 귀한 하나님의 자녀들이다(마 10:29~31).

우리는 그 어느 때보다 혼란스러운 시대를 살아간다. 우리를 흔들어 놓아 믿음의 위기를 맞이하게 할 만한 일들이 너무 많다. 우리가 누구인지, 무엇을 위해 살아가는지 망각한 채 그저 무의미하게 하루를 살아가기가 너무나 쉽다. 지금 우리가 회복해야 할 것이 있다면, 우리의 인생이 하나님의 뜻 안에 있다는 믿음이다.

'이 일은 어떻게 될까?' 혹은 '이게 잘 될까? 망할 수도 있을 것 같은데'라고 생각하며 불안해하는 상황 속에서 "하나님의 뜻으로 말미암아"라는 한마디 말씀은 우리를 흔들리지 않게 하는 가장 큰 근거가 된다. 나를 향하신 하나님의 뜻은 궁극적으로 나를 망하게 하거나 실패하게 만드는 것이 아니기 때문이다. 때로는 다른 사람과 자신을 비교해서 '나는 왜 이렇게 부족할까?'라는 부정적인 생각이 들 때도 있겠지만, 우리가 담대하게 살아 낼 수 있는 힘의 근거가 나를 향하신 하나님의 뜻에 있다는 확신을 갖는다면 절대 우리는 좌절할 수 없다.

바울은 이 서신의 수신자를 에베소에 있는 성도들, 곧 그리스도 예수 안에 있는 신실한 자들이라고 부른다. '에베소에 있는 성도들', '그리스도 예수 안에 있는 신실한 자들'은 서로 대구를 이루면서 이 서신의 메시지가 지향하는 바를 잘 보여 준다. 성도들 곧 믿는 자들은 두 가지 영역에서 살아가는 사람들이라는 것이다.

그 두 가지 영역이란 무엇인가? 현실의 눈으로 봤을 때, 지금 성도들은 에베소라는 우상숭배의 중심지에서 살아가고 있다. 앞서 봤던 것처럼 에베소에는 거대한 아데미 신전이 자리 잡고 있었다. 그곳은 늘 수많은 우상숭배 인파로 가득했다. 그 도시의 경제적 기반은 아데미 여신 숭배에 기초하고 있었다.

에베소 교회는 바로 그곳에서 '성도'라는 호칭을 얻는다. 성도란 거룩한 이들, 구별되어 있는 사람들이란 의미다. 거대한 우상의 도시 에베소에서 살아감에도 불구하고 성도로서 구별되게, 다른 방식을 좇아 살아가는 사람들이 에베소 교회다.

이것이 가능한 것은 이들이 에베소가 아닌 또 다른 영역에 속해 있기 때문이다. 바로 '그리스도 예수 안에'라는 공간이다. 그곳은 오직 믿음으로 들어갈 수 있는 공간이며, 이 땅이 아닌 하늘의 차원에 있는 공간이다(2:6). 당연하게도 일반 에베소 시민들에게는 보이지 않는 공간이다. 오직 믿음의 눈을 가진 사람들에게만 보이는 곳이다.

신자들은 이 두 가지 공간에서 동시에 살아가고 있다. '그리스도 예수 안에'서 살아가기에 에베소라는 땅에 발 딛고 있음에도 구별된 존재, 성도로서 살아갈 수 있다. 우리 또한 힘겨운 세상살이를 하고 있지만, 하나님이 우리를 거룩한 성도로 구별되게 부르셨음을 기억해야 한다. 두 공간을 살아가야 하기에 힘든 것은 지극히 정상이다. '그리스도 예수'라는 나의 실질적인 주소가 있는데 또 다른 내 주소가 세상이란 말이다.

이 둘 사이에서 부딪히는 게 당연하다. 괴롭고 힘들고 갈등하는 것이 정상이라는 말이다. 그래서 바울은 "하나님 우리 아버지와 주 예수 그리스도로부터 은혜와 평강이 너희에게 있을지어다"라고 말한다. 그리스도인들이 이 세상에서 버텨 낼 수 있는 무기는 오직 하나님 우리 아버지와 주 예수 그리스도로부터 나오는 은혜와 평강이다. 하나님은 우리가 이 땅에 발을 딛고 있지만, 하늘의 삶을 살아가도록 은혜와 평강으로 이끄신다.

요한복음 14장을 보면, 예수님께서 십자가로 점점 가까이 다가갈수록 그분의 제자들이 엄청난 혼란을 겪는 것을 볼 수 있다. 그들은 '예수님께서 왜 계속 다른 이야기를 하시지? 거의 다 왔는데 왜 자꾸 고난을 받고 죽는다고 말씀하시지?'라고 생각했다. 그래서 그들은 예수님께 "주여 어디로 가십니까?"라고 묻는다. 예수님은 이렇게 답하셨다. "너희가 지금은 알지 못하나 후에는 알게 될 것이다. 내가 너희에게 평강을 끼치노니 내가 주는 평강은 세상이 주는 것과 같지 않다."

도대체 예수님을 믿는 이유가 무엇일까? 왜 그분을 따르고 믿는 것일까? 세상이 주는 은혜와 세상이 주는 평강은 대박을 터뜨리고 평생 쓸 돈을 모아서 일을 하지 않고 세계 일주하는 삶 그런 것 아니겠는가? 세상 사람들이라면 누구나 꿈꾸는 삶이다. 그게 행복이라고 말한다. 그런데 예수님은 분명히 제자들에게 "내가 너희에게 평안을 끼친다"라고 말씀하신다. 그 평안은 "세상이 주는 것과 같지 않다"라고도 말씀하신다. 그리고 걸어가신 길이 바로 십자가 길이다. 내가 누군가를 위해 쓰임받고 죽임을 당함으로써 생기는 평안과 기쁨, 이런 평화와 기쁨을 돈을 추구하는 사

람들이 어떻게 감히 흉내 낼 수 있을까? 기독교의 목표는 행복이
아니다. 거룩이다.

> 찬송하리로다 하나님 곧 우리 주 예수 그리스도의 아버지께서 그리
> 스도 안에서 하늘에 속한 모든 신령한 복을 우리에게 주시되 (엡 1:3)

사실 3절에서 14절까지는 헬라어를 기준으로 202개의 단어
로 된 하나의 문장이다. 이 문장은 하나의 찬송, 송영이다. 그래
서 찬송으로 시작해서 찬송으로 마친다. 이 송영에서 바울은 하
나님께서 그리스도 안에서 성령으로 우리에게 행하신 일들을 찬
양한다. 바울은 왜 이렇게 한 호흡으로 긴 문장을 작성했을까?
아마도 하나님께서 행하시는 그 놀라운 경이와 신비를 도무지
감당할 수 없어서 이렇게 긴 글로 기록한 것 같다.

3절을 보면 하나님은 '우리 주 예수 그리스도의 아버지'로 소
개된다. 어찌 보면 당연한 표현이다. 예수님이 하나님의 아들이
시니, 성부 하나님은 예수님의 아버지이시다. 그러나 여기서 하
나님을 '아버지'로 소개한 것은 중요한 성경 신학적 의미가 있다.
구약 성경 안에서 아버지는 자녀들, 특히 아들들을 축복한다. 축
복은 자신이 가진 것을 물려주는 의미가 있다. 하나님은 천지 만
물의 아버지로서, 처음 만든 사람에게 복을 주었고(창 1:28), 아브
라함을 불러 그에게 복을 주었다(창 12:3). 이유는 동일하다. 먼저

복을 받은 사람을 통하여 온 세상에 그 복이 흘러가게 하기 위함이었다.

하나님은 궁극적으로 예수 그리스도의 아버지로서, 독생하신 아드님에게 만유를 상속하셨다(히 1:2). 하나님 아버지의 것은 모두 다 예수님의 것이다(요 17:10). 바로 이 상속의 관계가 하나님을 예수 그리스도의 아버지로 묘사하는 신학적인 의미이다.

바울은 더 나아가 예수 그리스도의 아버지 하나님께서 우리 곧 성도들에게도 복을 주셨다고, 상속하셨다고 말한다. 성도는 참 아들이신 예수 그리스도께 주신 하늘 아버지의 복을 함께 누리는 존재이며, 우리를 하나님 나라의 유산을 물려받을 예수 그리스도의 공동 상속자로 부르신 것이다.

> 4곧 창세 전에 그리스도 안에서 우리를 택하사 우리로 사랑 안에서 그 앞에 거룩하고 흠이 없게 하시려고 5그 기쁘신 뜻대로 우리를 예정하사 예수 그리스도로 말미암아 자기의 아들들이 되게 하셨으니 (엡 1:4~5)

바울은 더 놀라운 선언을 이어 간다. 우리가 하나님 아버지의 모든 영적인 복을 받게 된 것은 우연히 일어난 일이 아니라는 것이다. 심지어 그 일은 '창세 전'부터 계획된 일이었다. 하나님은 우리를 '선택'하셨고, 그것은 하나님의 기뻐하시는 '뜻'이었다. 하나님은 그렇게 우리를 '미리 정하셨다'.

이것만큼 우리 인생의 큰 위안이 또 있을까? 내 인생이 하나님의 뜻 안에 있다는 사실만큼 든든한 버팀목이 있을까? 내 인생은 우연이 아니다. 성도의 삶은 우연과 우연이 모여 만들어진 것이 아니다. 오히려 성도의 삶은 하나님의 기쁘신 뜻 가운데 있다. 하나님의 뜻은 그때그때 상황을 봐 가며 세워진 것이 아니었고, 무려 '창세 전에', 이 땅의 기초가 세워지기도 전에 하나님의 뜻이 있었다.

다시 말하자면, 하나님은 창조가 있기 전에 예수 안에 있는 새로운 창조를 계획하셨다. 에덴동산이 창조의 완성이 아니었다. 하나님은 그 너머의 일들, 곧 새로운 창조를 세상의 기초를 놓기 전부터 뜻하고 계셨다는 의미이다. 세상이 타락해서 어쩔 수 없이 새로운 창조를 하신 것이 아니다. 새 창조는 처음부터 창조의 궁극적인 목적이었다. 비록 그 과정 가운데 첫 사람이 반역하여 범죄가 있었지만, 아담의 범죄가 하나님의 궁극적인 뜻을 가로막지 못했다. 애초부터 하나님의 뜻과 계획은 인간의 타락과 불순종을 뛰어넘는 것이었다. 하나님의 생각은 우리의 생각을 초월한다(사 55:9, 롬 11:33~36).

하나님이 우리를 택하시고, 예정하셨다는 사실은 우리로 하여금 내세울 것이 없게 만든다. 하나님은 '거룩하고 흠이 없는 자들'을 택하신 것이 아니다. 그것은 선택의 조건이 아니라, 선택의 목표다. 우리는 예수 안에서 하나님의 택함을 받았다. 자격과 조건이 되는 자들을 택하신 것이 아니다. 오히려 자격 없고 부름받기에 합당하지 않은 이들에게 은혜를 베푸셨다.

그것은 사랑 아니면 설명될 수 없는 것이다. 하나님은 '사랑 안에서' 우리를 택하시고 예정하셨고, 무엇보다 하나님의 선택과 예정은 우리가 당신의 아들들이 되게 하시기 위함이었다. 이 단어는 '입양하여 양자 삼는다'는 의미를 가진다. 현대의 입양과 달리, 고대 로마 사회에서 입양은 상속자를 지명하기 위해 실행되었다. 가족의 상속자와 계승자를 두는 것이 불가능한 경우에 주로 행하는 것이었다. 게다가 입양은 가까운 친척이나 친구들의 자녀 중에서 이뤄지는 것이 일반적이었으며, 전적인 외부인이 아들로 입양되는 일은 거의 없었다.

하나님이 우리를 입양하여 아들 삼으신 일은 당대 문화에 비추어 볼 때 매우 이례적인 일이다. 하나님은 유일하신 아들 예수님이 있음에도 우리를 양자 삼으셨다. 우리는 본질상 진노의 자녀였으며(2:3), 특별히 에베소 성도들과 같은 이방인들은 약속의 언약들에 대하여 전적인 외부인이었는데(2:12), 그럼에도 그리스도 예수 안에서 공동 상속자가 되게 하셨다.

하나님은 우리를 아들들로 삼으셔서 하늘의 신령한 복을 물려주시려고, 그리스도 안에서 택하시고 예정하셨다. 그것은 창세 전에 이루어진 것이며, 우리가 물려받을 복도 이 세상에 속한 것이 아니라 새 창조의 세계, 하늘의 세계에 속한 것이었다. 그것이 하나님의 큰 그림, 하나님의 뜻이다.

> 이는 그가 사랑하시는 자 안에서 우리에게 거저 주시는 바 그의 은혜의 영광을 찬송하게 하려는 것이라 (엡 1:6)

6절은 그 뜻의 궁극적인 목표를 소개한다. 이것은 12절, 14절에서도 다시금 강조된다. 하나님의 뜻은 우리가 하나님을 찬송하는 데 있다. 특히 6절에서는 하나님께서 사랑하시는 자, 곧 그리스도 안에서 우리에게 거저 주신 영광스런 은혜를 찬송하기 위함이라고 우리를 택하셔서 양자 삼으신 이유를 설명한다.

다시 말해, 우리의 찬송 내용은 그리스도 안에서 베푸신 하나님의 무조건적인 은혜이며, 성도가 하나님의 자녀로서 하나님의 신령한 복을 상속받는 이유는 그 은혜를 찬송함에 있다. 이 지점에서 우리는 우리가 받는 복의 궁극적 이유에 대해 생각해야 한다. 왜 하나님은 우리를 택하셔서 이 복을 주셨는가. 그리고 왜 이 복을 받은 사실로 말미암아 하나님의 은혜를 찬송하게 하셨는가?

우리는 앞서 하나님께서 사람을 부르셔서 복을 주시는 이유가 하나님의 복을 온 세상에 흘러가게 하는 일에 있다고 했다. 마찬가지로 교회가 받은 하늘의 복은 교회만을 위한 것이 아니다.

오히려 궁극적인 목적은 교회를 통한 찬송에 있다. 즉, 그 찬송을 통해 하나님의 은혜가 드러나고, 하나님이 얼마나 자비로운 아버지이신가가 온 땅에 울려 퍼지게 하는 것이다.

왜 하나님은 그 신령한 복을 받은 교회를 에베소 땅에 두셨는가? 하나님을 찬송하게 하기 위해서이다. 찬송은 하나님을 증언하는 입술의 열매다(히 13:15). 에베소 성도는 하늘의 복을 받은 거룩한 자로서, 이 땅에서 하나님을 찬송하기 위해 선택받은 자들이다. 그리스도 안에서 놀라운 자비를 베푸신 아버지 하나님을 증언하게 하기 위해서, 우상숭배로 가득한 땅에서 하나님의 자녀로 부르심을 받았다.

마찬가지로 우리 또한 그 영광스런 찬송이 되게 하기 위하여 하나님의 뜻 가운데 택함받고 부름받은 하나님의 복의 상속자들이며, 자녀들이다. 하나님의 자녀들은 하나님의 자비와 은혜를 찬송함으로써, 하나님을 알지 못하는 세상에 은혜의 하나님을 증언한다. 교회는 하나님의 은혜를 드러내고, 하나님의 신령한 복을 세상에 나타낸다. 우리 교회는 그리고 우리 각자의 인생은 그 하나님의 놀라운 뜻 안에 있다.

03 하나님을 찬송한다는 것

에베소서 1:7~14

✳

우리는 하나님의 뜻 안에서 우리가 어떠한 은혜를 입었는지 생각해 보았다. 하나님은 그리스도 안에서 우리를 양자, 곧 상속자로 삼으셨다. 우리는 하나님을 배반했을 뿐 아니라 하나님을 대적했던 존재들이다. 그런데 하나님은 예수 그리스도를 이 땅에 보내서서 우리의 죗값을 완전하게 지불하시고 우리를 자녀로 부르신다.

그렇다면 왜 하나님은 우리를 이 놀라운 은혜의 자리로 부르셨는가? 우리를 예수 그리스도와 함께 공동 상속자로 삼으셔서 예비한 복을 주시고, 이를 통해 온 땅에 하나님의 복이 흘러가게 하는 존재로 미리 정하셨기 때문이다. 이 모든 것은 하나님을 향한 찬송으로 귀결된다.

우리는 그리스도 안에서 그의 은혜의 풍성함을 따라 그의 피로 말미암아 속량 곧 죄 사함을 받았느니라 (엡 1:7)

1장 5절에서 바울은 하나님이 '예수 그리스도로 말미암아' 우리를 하나님의 아들들 되게 하셨다고 말했다. 7절에서는 그 의미를 조금 더 풀어낸다. 우리는 그리스도 안에서 '그의 피'로 말미암아 속량 곧 죄 사함을 받았다.

앞서 살펴본 것처럼 우리가 하나님의 양자가 되었다는 것은 사실 말이 되지 않는 이야기다. 본질상 진노의 자녀, 하나님을 거역한 죄인들인 그런 자들을 양자 삼아서 상속자가 되게 한다는 것은 당시 사회 통념상 불가능한 일이었다. 그런데 그 놀라운 일이 '그리스도로 말미암아', '그리스도 안에서' 일어났다. 어떻게 그것이 가능했는가?

그것은 우리가 그리스도 예수의 '피'로 말미암아 속량, 곧 죄 사함을 받았기 때문이다. 우리가 하나님의 자녀가 되는 것은 거저 된 일이 아니었으며, 우리 구원에는 큰 대가가 있었다. 우리가 그것을 지불하지 않았을 뿐, 우리의 구원은 공짜로 된 구원이 아니었다. 상상할 수 없는, 하나님 아들의 핏값으로 된 구원이다. 그의 피로 우리는 속량, 곧 죄 사함을 받은 것이다.

'속량'이라는 단어는 대가를 지불해서 자유롭게 만든다는 의미다. 그리스도의 피가, 그의 십자가의 죽으심이 우리를 자유롭게 하였으므로 우리는 죄 용서함을 받고, 더 이상 죄와 상관없는 자들이 되었다. 죄로부터 자유롭게 되었다는 것은 더 이상 우리가 진노의 자녀가 아니라는 사실을 의미한다. 그리고 동시에 우리가 죄의 지배로부터 자유롭게 되었다는 것을 뜻한다.

예수 그리스도 십자가의 죽음은 진정한 자유를 가져다주었다. 4절의 말씀처럼 우리를 하나님 앞에서 '거룩하고 흠이 없게' 만들었고, 예수님의 십자가 죽음 앞에서 하나님은 우리를 거룩하고 흠이 없는, 사랑하는 자녀들로 보신다. 그리고 우리를 상속자로 삼으신다.

이것은 전적인 하나님의 은혜이자 선물이다. '그의 은혜의 풍성함을 따라' 이 일이 일어났다. 하나님의 은혜는 받을 만한 가치가 없는 자들에게 주시는 선물이다. 거듭 말하지만 우리는 하나님을 거역한 죄인이었고, 진노의 자녀였다. 그러나 하나님의 이해할 수 없는 은혜로 우리를 자녀 삼아 주셨다. 그리스도께서 십자가에서 흘리신 피가 우리에게 자녀라는 새로운 정체성과 신분을 선물로 주셨다.

8이는 그가 모든 지혜와 총명을 우리에게 넘치게 하사 9그 뜻의 비밀을 우리에게 알리신 것이요 그의 기뻐하심을 따라 그리스도 안

에서 때가 찬 경륜을 위하여 예정하신 것이니 (엡 1:8~9)

에베소서가 어려운 이유는 바울이 어휘를 굉장히 함축적이고 상징적으로 사용하기 때문이다. 특히 8, 9, 10절, 이 짧은 세 구절 안에 담긴 어휘들에 녹아진 내용은 너무나 큰 이야기들이고, 감히 범인이 풀어내는 것을 감당하기 어려운 말들이다. 어쩌면 이 것들은 우리가 평생에 걸쳐 씨름해야 할 단어들이라고 할 수 있다. 하나님께서 우리 인생의 풀어짐을 통해서 한 자 한 자 깨닫게 하시는 이야기라고 생각하는 게 옳다.

9절에 보면 "그 뜻의 비밀을 우리에게 알리신 것이요"라고 말씀한다. 하나님의 뜻이 '비밀'이라고 표현되어 있다. 바울은 3장에 가면 이 비밀에 대해서 더 자세히 설명할 것이다. 한 가지 분명한 것은 이 비밀은 그리스도께서 오시기 전까지는 감추어져 있었다는 사실이다. 구약 성도들에게 이 비밀은 분명하게 알려진 것이 아니었다. 오직 그리스도 안에서만 이 비밀이 온전히 드러났다. 바울은 골로새서에서 이를 이렇게 표현한다.

이 비밀은 만세와 만대로부터 감추어졌던 것인데 이제는 그의 성도들에게 나타났고 (골 1:26)

이 비밀은 만세와 만대로부터 감추어졌던 것이다. 그러나 바울과 같은 사도들에게, 그리고 그의 말씀을 듣는 에베소 성도들에게 그 뜻이 분명하게 드러났다. 비밀을 공유하는 것만큼 강한 친밀감을 형성하는 것도 없다. 하나님은 그리스도 안에서 피로 값 주고 사신 자녀들에게 그분의 뜻의 비밀을 알리셨다.

이것이 하나님의 때가 찬 경륜이라고 바울은 말한다. 경륜이라는 것은 경영하여 다스리는 것을 의미한다. 하나님께서 역사를 운영하시고 경영하신다. 그런데 거기에는 목적이 있다는 것이다. '때가 찬 경륜'이라는 것은 그 경륜의 정점에 도달했음을 의미한다(갈 4:4).

> 하늘에 있는 것이나 땅에 있는 것이 다 그리스도 안에서 통일되게
> 하려 하심이라 (엡 1:10)

왜 그리스도께서 이 땅에 오신 것이 역사의 정점을 이룬다고 말할 수 있는가? 그것은 하나님 경륜의 목표가 하늘에 있는 것이나 땅에 있는 것이 다 그리스도 안에서 '통일'되게 하는 것이기 때문이다. 하나님께서 세상 역사와 우주 만물을 운영하시는 궁극적 목표는 예수 그리스도다. 이것이 기독교가 가지고 있는 매우 독특한 역사관이고 세계관이다.

기독교는 단순한 종교가 아니다. 선하게 살고 좋은 일 하면 복을 받는 이야기는 더더욱 아니다. 기독교는 예수 그리스도를

중심으로 하고, 그분이 모든 것의 정점이라고 믿는다. 예수님께 모든 것이 집중되는 것을 목표로 한다. 하늘에 있는 것이나 땅에 있는 것, 온 우주 만물이 그분께 향하도록 하나님이 계획하고 운영하고 계신다.

여기서 우리가 마주하는 어려운 단어가 '통일'이다. 이 단어는 기본적으로 모든 것을 요약하고 정리한다는 의미를 갖는다. '요점 정리' 같은 의미로 생각하면 좋다. 실제로 바울은 로마서 13장 9절에서 구약의 모든 율법과 계명이 '네 이웃을 네 자신과 같이 사랑하라'는 말씀으로 정리된다는 의미에서 동일한 헬라어 단어를 사용했다(다 들었느니라). 여러 가지가 있어도 하나로 딱 정리되는 것을 보여 줄 때 이 단어가 사용되었다. 다시 말하자면, 이 율법 저 율법이 있지만, 그 모든 것은 이웃 사랑이라는 하나의 원리에 지배된다는 의미다. 모든 율법의 핵심과 머리는 이웃 사랑이며, 이웃 사랑 아래 모든 율법이 종속된다.

마찬가지로, 그리스도 안에서 만물이 통일된다는 것은 그리스도가 머리가 되신다는 의미로 이해할 수 있다. '통일'이라고 번역된 헬라어 단어의 어근 자체가 '머리'를 의미한다. 그리스도에게 통일된다는 것은 그분에게 모든 것이 종속된다는 것을 의미하고, 하늘에 있는 것이나 땅에 있는 모든 것이 그리스도의 지배를 받는다. 예수 그리스도가 모든 것의 주인이시며, 하늘과 땅의 모든 만물은 그리스도 안에서만 비로소 의미 있는 존재가 된다.

이는 예수님께서 직접 말씀하신 바다.

> 예수께서 나아와 말씀하여 이르시되 하늘과 땅의 모든 권세를 내
> 게 주셨으니 (마 28:18)

이것이 하나님 뜻의 비밀이고, 하나님께서 세상을 운영하시는 경륜의 목적지이다. 그것은 하늘에 있는 것이나 땅에 있는 모든 것의 머리가 그리스도가 되게 하는 것이다. 모든 만물이 그리스도의 지배를 받도록 하는 것이고, 모든 생각까지도 그리스도에게 복종시키는 것이다(고후 10:5). 이러한 정점을 향해 그분의 경륜을 이끌기 위해 하나님 아버지는 예수님께 하늘과 땅의 모든 권세를 주셨다.

왜 그렇게 정하셨을까? 거기에만 살길이 있기 때문이다. 그리스도 안에 들어갈 때, 그분의 지배와 통치 아래 거할 때만 생명이 있기 때문이다. 하나님은 그리스도로 말미암아, 그분의 십자가의 죽으심과 피 흘리심을 통해 우리를 용서하시고 죄와 사망에서 속량하셨다. 거기에만 생명이 있고, 참된 삶의 의미가 있다. 이것이 진리이다. 하나님은 천하 만민에 구원 얻는 다른 이름을 우리에게 주지 않으셨다(행 4:12). 하늘과 땅의 권세를 가지신 이는 예수 그리스도뿐이다.

모든 일을 그의 뜻의 결정대로 일하시는 이의 계획을 따라 우리가

예정을 입어 그 안에서 기업이 되었으니 (엡 1:11)

중요한 것은 우리가 우주 만물을 경영하시는 하나님의 경륜 안에 들어와 있다는 것이다. 하나님이 이 놀라운 우주적 비밀에 우리를 부르셨다는 것이다. 11절을 보면 단지 부른 정도가 아니라 우리가 예정을 입어 그리스도 안에서 하나님의 '기업'이 되었다고 말한다. 이것은 우리가 하나님의 소유라는 의미이다(신 32:9, 벧전 2:9). 특히 말라기에서 우리는 하나님의 소유가 된다는 의미가 무엇인지를 발견한다.

만군의 여호와가 이르노라 나는 내가 정한 날에 그들을 나의 특별

한 소유로 삼을 것이요 또 사람이 자기를 섬기는 아들을 아낌 같이

내가 그들을 아끼리니 (말 3:17)

하나님의 소유와 하나님의 아들, 또는 자녀가 같은 의미로 사용되고 있다. 하나님이 우리를 자녀로서 아끼신다는 의미다. 하나님께서 그리스도에게 모든 것이 집중되게 하시고, 그리스도 안에서 모든 만물이 진정한 의미를 갖게 하신 이유가 무엇인가? 우리가 그리스도 안에서 자녀 되게 하기 위해서다. 결국 우리에게 생명을 주시고, 복을 주시고, 자녀로서의 권세를 주시기 위해

서다. 우리에게 이보다 가슴 벅찬 소식이 있는가? 이 약속의 말씀보다 더 크고 놀라운 것이 또 어디 있는가?

> 13그 안에서 너희도 진리의 말씀 곧 너희의 구원의 복음을 듣고 그 안에서 또한 믿어 약속의 성령으로 인치심을 받았으니 14이는 우리 기업의 보증이 되사 그 얻으신 것을 속량하시고 그의 영광을 찬송하게 하려 하심이라 (엡 1:13~14)

더 나아가 13~14절을 보면 하나님은 그 정도가 아니라 성령을 우리에게 주셔서 이 약속을 보증하셨다고 말한다. '보증'이라는 말은 다운페이먼트(down payment), 즉 선금을 말한다. 나중에 반드시 잔금을 치르겠다는 약속이다. 하나님은 우리에게 말로만 약속하지 않으셨고, 성령을 주셔서 반드시 우리에게 약속한 일을 이루겠다는 것을 보증하셨다. 이보다 더 확실한 약속이 있는가?

결론적으로 왜 우리에게 이 정도까지 하시는가? 왜 우리 같은 죄인들을 위해 이 놀라운 일을 이루시고 약속하시고 경영해 나가시는가? 6, 12, 14절은 동일하게 말씀한다. 우리가 하나님의 영광을 찬송하게 하기 위함이다. 우리로 하여금 하나님은 찬송받기 원하신다. 참 아들 예수 그리스도의 피로 값 주고 사신 아들들, 곧 교회와 성도들에게 찬송받기를 주님은 원하신다.

하나님을 찬양한다는 것이 무엇인가? 우리는 반드시 하나님을 향한 찬양의 의미를 아버지와 자녀의 관계에서 생각해야 한다. 하나님은 억지로 찬양받으실 수 없다. 맹목적인 칭송을 원하시는 것이 아니다. 겁박에 의해서 마지못해 내뱉는 의무적인 미사여구가 찬양일 수 없다.

부모는 언제 기뻐하는가? 자녀가 부모의 마음을 알고 헤아릴 때다. 부모의 수고를 알고 감사할 줄 아는 태도를 가질 때다. 주어진 모든 것을 당연하게 여기지 않고, 은혜라는 것을 자녀가 알고 감사할 때 부모에게 그만한 기쁨이 없다. "아빠 고마워." "엄마 사랑해." 그 한마디에 사실 부모는 천하를 얻는 기분이지 않는가? 그걸로 다 되지 않는가?

그러므로 찬양이란 우리를 향한 하나님의 사랑을 인정하고 신뢰하는 것이다. 물론 좋을 때는 입에서 절로 콧노래가 나온다. 그러나 하나님은 우리가 어려움과 고난 가운데 있더라도 하나님을 찬양하기를 기대하신다. 영원 전부터 계획하신 그분의 뜻의 경륜을 인정하고 하나님을 의지하는 것이다. 찬양은 하나님을 향한 사랑에서만 나올 수 있는 신뢰의 표현이다.

찬송은 하나님을 증언하는 입술의 열매다(히 13:15). 성도는 하늘의 복을 받은 거룩한 자로서 이 땅에서 하나님을 찬송하기 위해 선택받은 자들이다. 그리스도 안에서 놀라운 자비를 베푸신 아버지 하나님을 증언하게 하기 위하여 우상숭배로 가득한 땅에서, 하나님의 자녀로 부르심을 받았다. 하나님의 자녀들은 아버지의 자비와 은혜를 찬송함으로써, 하나님을 알지 못하는 세상에 은혜의 하나님을 증언한다. 교회는 그리스도 안에서 베푸신 하나님의 놀라운 은혜와 사랑을 찬송으로 세상에 드러내는 선교적 공동체이다.

04 마음의 눈을 밝히소서

에베소서 1:15~23

✳

하나님께서는 그리스도 안에서 만물이 통일되게 하신다. 그 이유는 우리를 하나님의 아들로 삼으셔서 그리스도와 공동 상속자로 부르시기 위함이었다. 이제 바울은 "내가 기도한다"라고 말한다. 바울이 에베소 성도들을 위해서 기도할 제목이 있다는 것이다.

3~14절이 202개 단어로 된 하나의 긴 문장이었듯이, 15~23절 또한 170개 단어로 된 하나의 긴 문장이다. 이 구절들은 에베소 교회를 향한 바울의 기도를 담고 있다. 쉽게 생각해서, 성도들을 위한 목회자의 기도라고 생각할 수 있다. 목회자들은 성도들을 위해 무엇을 기도하고 있을까?

15이로 말미암아 주 예수 안에서 너희 믿음과 모든 성도를 향한 사랑을 나도 듣고 16내가 기도할 때에 기억하며 너희로 말미암아 감사하기를 그치지 아니하고 (엡 1:15~16)

바울은 하나님 뜻의 비밀, 그리고 그 역사의 경영에 대해서 알고 있다. 하나님의 예정과 섭리와 경륜에 대해서 이미 말했다. 그 모든 뜻과 계획과 역사의 경륜은 그리스도 안에서 만물이 통일되는 것을 지향한다. 그러나 바울은 이것으로 '끝'이라고 말하지 않는다. 하나님의 계획을 다 알았으니 충분하다고 말하지 않는다. 오히려 '이로 말미암아', 그렇기 때문에 에베소 성도들을 기억하고, 그들을 위해서 기도한다고 말한다.

이것은 신앙생활에서 기도가 차지하는 자리가 무엇인지를 잘 보여 준다. 간혹 보면 '하나님이 다 정하시고 알아서 다 하신다는데 기도는 해서 뭐 하나'라는 생각에 빠진 사람들도 있다. 그러나 바울은 그러한 생각과 거리가 멀다. 하나님은 기계가 아니라 인격이시라는 사실을 우리는 잊지 말아야 한다. 하나님은 그리스도 안에서 우리를 향한 뜻을 보이셨을 뿐만 아니라, 이제 우리 모두가 그 뜻을 알기 원하신다. 그리고 그 뜻 가운데 살아가길 원하신다. 이것은 바울이 에베소 성도를 위해 기도하는 내용과 직결되어 있다.

우리 주 예수 그리스도의 하나님, 영광의 아버지께서 지혜와 계시의 영을 너희에게 주사 하나님을 알게 하시고 (엡 1:17)

바울이 성도들을 위해 간구하는 핵심은 무엇인가? 에베소 성도들이 하나님을 알도록 해 달라는 것이다. 그는 먼저 하나님께서 지혜와 계시의 영을 성도들에게 주셔서 하나님을 알게 하실 것을 간구한다. 세상의 지혜나 인간의 지적 능력으로 하나님을 알 수 없다. 오직 지혜와 계시의 영, 곧 성령님을 통해서만 하나님을 알 수 있고(고전 2:9~12), 성령 하나님께서 우리의 어두운 마음을 조명하여 비추어 주셔야만 우리는 복음과 하나님의 말씀을 깨달을 수 있다.

여기서 중요한 사실 중 하나는 바울이 이미 예수님을 믿는 에베소 성도들을 위해서 이것을 기도하고 있다는 사실이다. 다시 말해, 우리가 처음 예수님을 믿을 때에만 성령의 조명이 필요한 것이 아니다. 우리는 평생에 걸쳐 성령님께서 우리의 마음과 생각을 밝히 비추어 주셔서, 하나님을 알아 가게 하실 것을 기도해야 한다. 말씀을 배우고 하나님을 알아 가는 과정은 단번의 깨달음으로 이뤄지는 것이 아니며, 우리 스스로 할 수 있는 일이 아니라 오직 성령의 깨닫게 하시는 역사를 통해서만 가능한 일이다.

우리는 날마다 새롭게 하나님을 알아 가야 한다. 다시금 강조하지만 하나님은 '우주의 질서'나 '도' 같은 분이 아니시다. 어떤 궁극적인 진리를 하나님이라 말할 수 없다. 하나님은 사랑의 인격이시다. 그렇기에 매일같이 알아 가야 하고 알아 갈 수 있다. 하나님이 어떠한 명제나 지식이라면, 열심히 배워서 마스터할 수 있을 것이다. 그러나 하나님은 인격이시다. 인격은 학습을 통해 깨닫는 것이 아니라, 교제를 통해 알아 가야 할 존재다. 이것이 바울의 기도를 관통하는 중요한 전제이다.

> 18너희 마음의 눈을 밝히사 그의 부르심의 소망이 무엇이며 성도 안에서 그 기업의 영광의 풍성함이 무엇이며 19그의 힘의 위력으로 역사하심을 따라 믿는 우리에게 베푸신 능력의 지극히 크심이 어떠한 것을 너희로 알게 하시기를 구하노라 (엡 1:18~19)

바울은 계속해서 우리 마음의 눈이 밝아지길 원한다고 기도한다. 이를 소위 영안, 영적인 눈이라 말할 수 있을 것이다. 왜 마음의 눈이 밝아져야 하는가? 바울은 세 가지를 알기 위해서라고 열거한다. 곧 '그의 부르심의 소망이 무엇인지', '성도 안에서 그 기업의 영광의 풍성함이 무엇인지', '우리에게 베푸신 능력의 지극히 크심이 어떠한 것인지' 알게 하기 위해서이다.

사실 이것들은 이미 바울이 1장 전반부의 하나님을 향한 송영에서 언급했던 내용들이다. 먼저 하나님은 우리를 그분의 자녀로 부르셨다. 부르시기에 앞서 우리를 '선택'하시고, 우리를 '예정'하셨다(1:3~4). 이 모든 것들은 그리스도 안에서 우리를 하나님의 아들들이 되게 하기 위함이시다(1:5). 그러므로 부르심의 소망이라는 것은 하나님의 자녀로서 우리가 가질 수 있는 소망을 말한다.

성경에서 '소망'이라고 말할 때는, 막연한 희망 사항을 이야기하는 것이 아니다. 오히려 하나님께서 주신 확실한 약속을 가리킨다. 자녀로서 우리가 갖는 소망은 구체적으로 그리스도와의 공동 상속자로서 받게 될 하나님의 기업을 가리킨다. 그래서 바울은 두 번째로 우리의 영안이 밝아져, 성도들 안에 있는 그 기업의 영광의 풍성함이 무엇인지 알게 되기를 기도한다. 그 기업은 하늘에 속한 모든 신령한 복이다(1:3). 그러므로 오직 영의 눈으로만 바라볼 수 있는 것이다.

한 찬송가 가사가 그것을 잘 표현했다. "육신의 눈 못 볼 때에 신령한 눈 곧 밝히사 저 천성문 보게 하니 참 기쁨이 내 것일세"(찬송가 414장 3절). 우리는 세상의 것들에 대해서는 눈이 밝은데, 하늘에 속한 신령한 것에는 눈이 가리워져 있을 때가 많다. 그래서 늘 불안과 근심과 염려에 붙들린다.

14왕이 이에 말과 병거와 많은 군사를 보내매 그들이 밤에 가서 그 성읍을 에워쌌더라 15하나님의 사람의 사환이 일찍이 일어나서 나가보니 군사와 말과 병거가 성읍을 에워쌌는지라 그의 사환이 엘

리사에게 말하되 아아, 내 주여 우리가 어찌하리이까 하니 16대답
하되 두려워하지 말라 우리와 함께 한 자가 그들과 함께 한 자보
다 많으니라 하고 17기도하여 이르되 여호와여 원하건대 그의 눈을
열어서 보게 하옵소서 하니 여호와께서 그 청년의 눈을 여시매 그
가 보니 불말과 불병거가 산에 가득하여 엘리사를 둘렀더라 (왕하
6:14~17)

이스라엘에 아람 군대가 쳐들어왔다. 나라는 거센 바람 앞의
촛불처럼 흔들거려 당장이라도 흑암으로 변하게 생겼다. 그러자
사환이 선지자 엘리사에게 묻는다. "아아, 내 주여 우리가 어찌하
리이까" 현실적인 탄식이다. 세상은 나를 집어삼키려고 위협하
고 달려드는데, 현실을 보면 탄식이 목구멍 밖으로 기어 나올 수
밖에 없다.

그러나 선지자는 말한다. "걱정하지 마라. 우리와 함께 하는
자가 아람의 군대보다 많다." 이때 엘리사는 사환의 눈을 열어 달
라고 기도했다. 그의 눈이 열려서 보니 엘리사 주변에 천군 천사
와 불말과 불병거들이 가득 있었다. 하나님이 준비하신 것을 보
게 된 것이다.

우리 그리스도인들이 이 땅에 살아가면서 항상 이와 같은 것
을 볼 수 있어야 한다. 그런 자는 어떤 상황에서도 여유가 있다.
일희일비하지 않는다. 잠잠히 하나님만을 신뢰하는 깊은 무게가

있다. 우리의 눈이 열리면 삶이 달라지지 않을 수 없다.

바울은 이 모든 것을 믿는 우리에게 하나님의 능력이 얼마나 위대한지에 눈이 뜨이게 해 달라고 기도하고 있다. 왜 하나님의 능력을 아는 것이 중요한가? 그것은 하나님께서 반드시 약속하신 것을 이루실 것이라는 확신을 우리에게 주기 때문이다. 만약 하나님이 능력이 없으신 분이라면, 백번을 약속하신들 우리는 미심쩍어 할 수밖에 없을 것이다. 그러나 하나님은 살아 계신 능력의 하나님이시다. 그렇다면 우리는 그 능력의 하나님을 어떻게 알 수 있는가?

> 그의 능력이 그리스도 안에서 역사하사 죽은 자들 가운데서 다시 살리시고 하늘에서 자기의 오른편에 앉히사 (엡 1:20)

바울이 주목하는 것은 예수 그리스도를 죽은 자 가운데서 다시 일으키신 하나님의 능력이다. 하나님은 죽은 자를 다시 살려 일으키시는 분이다. 예수 그리스도의 부활은 그 어떠한 인간도 극복하지 못한 죽음의 문제를 하나님이 이기셨다는 것을 보여 준다. 부활은 하나님의 능력에 대한 가장 강력한 증거다.

그리스도의 부활은 승천 혹은 승귀로 이어졌다. 하늘의 하나님 우편에 앉히신 것이다. 우리는 사도신경을 할 때마다 이렇게 고백한다. "장사된 지 사흘 만에 죽은 자 가운데서 다시 살아나셨으며, 하늘에 오르시어 전능하신 아버지 하나님 우편에 앉아 계시다가." 예수님은 지금 어디 계시는가? 우리의 맘속에 계신다라고 해도 틀리지 않겠지만, 더 정확하게는 하늘의 하나님 우편에 앉아 계신다.

그리스도께서 하늘에 오르시고 하나님 우편에 앉으셨다는 것은 하나님께서 예수님을 만유의 상속자로 세우셨다는 것을 의미한다. 하늘과 땅의 모든 권세가 부활하고 승천하신 그리스도께 속해 있다(마 28:18). 이어지는 구절이 이를 잘 설명한다.

> 모든 통치와 권세와 능력과 주권과 이 세상뿐 아니라 오는 세상에
> 일컫는 모든 이름 위에 뛰어나게 하시고 (엡 1:21)

'통치', '권세', '능력', '주권' 같은 표현은 하늘에 있는 영적인 세력을 가리키는 표현이다. 성경의 세계관 안에는 이 땅의 제국들과 왕권들이 그러한 하늘의 영적 세력들과 연결되어 있다는 사실들이 반영되어 있다. 그러한 세력들은 종종 하나님을 대적하고 있는 것으로 그려진다. 그러나 하나님은 그 어떤 영적 세력이나, 이 땅의 황제들이 넘볼 수 없는 권위와 명성을 사랑하는 아들에게 주셨다. 빌립보서는 같은 내용을 이렇게 표현했다.

> 9이러므로 하나님이 그를 지극히 높여 모든 이름 위에 뛰어난 이름

을 주사 10하늘에 있는 자들과 땅에 있는 자들과 땅 아래에 있는 자들로 모든 무릎을 예수의 이름에 꿇게 하시고 11모든 입으로 예수 그리스도를 주라 시인하여 하나님 아버지께 영광을 돌리게 하셨느니라 (빌 2:9-11)

이것이 앞서 우리가 살펴본 그리스도 안에서 만유의 통일이다. 모든 역사가 그리스도를 정점으로 향하고, 그 과정을 통해서 만물이 그리스도를 주라 시인하여 하나님께 영광을 돌리게 하는 것이 역사가 진행되는 방향이다.

또 만물을 그의 발 아래에 복종하게 하시고 그를 만물 위에 교회의 머리로 삼으셨느니라 (엡 1:22)

계속해서 바울은 하나님이 예수 그리스도를 다시 살리셨을 뿐만 아니라, 그분께 하늘과 땅의 모든 권세를 주셔서 모든 것을 그 발 아래 복종하게 만들고 계신다는 사실을 지적한다. 이는 신약 성경 저자들이 빈번하게 인용하는 시편 110편을 반영한다.

1여호와께서 내 주에게 말씀하시기를 내가 네 원수들로 네 발판이 되게 하기까지 너는 내 오른쪽에 앉아 있으라 하셨도다 2여호와께서 시온에서부터 주의 권능의 규를 내보내시리니 주는 원수들 중

에서 다스리소서 (시 110:1~2)

신약 성경 기자들은 공통적으로 이 시가 예수 그리스도의 부활과 승천을 통해서 성취되었다고 기록한다. 다시 말해서, 그리스도께서 하늘에서 지금 하고 계시는 일은 그의 원수들을 발판으로 삼기까지 다스리시는 일이다. 세상은 제 마음대로 흘러가거나, 공중의 통치와 주권들 혹은 이 땅에서 정권을 잡은 자들의 뜻대로 움직이는 것이 아니다. 그리스도께서 하늘에서 다스리심으로써 움직인다. 세상의 역사는 반드시 그리스도의 승리로 귀결된다는 것을 오늘 본문은 말씀한다.

오늘날 교회가 약해졌다고 말하고, 교회는 가망이 없다고 말하는 사람들이 있을지 몰라도, 그리고 실제로 교회가 연약하여 다 쓰러질 것처럼 보인다고 하여도, 그리스도는 반드시 승리하신다. 우리는 바울이 지금 하나님의 능력이 얼마나 크신지 깨닫기를 기도하면서 이 대목을 기록했다는 사실을 잊지 말아야 한다. 이 비밀, 교회의 능력, 더 정확하게 그리스도의 통치의 능력은 마음의 눈을 뜬 자들에게만 알려진다. 성령께서 우리를 조명하실 때 우리는 이 놀라운 능력을 발견하게 된다.

바울은 여기서 멈추지 않고, 이 모든 과정 안에 부름과 초대를 받은 놀라운 한 존재, 곧 교회에 대해서 말한다. 하나님은 만물 위의 머리이신 그리스도, 만물의 통치자이신 그리스도를 교회에게 주셨다. 개역개정을 비롯한 한글 성경들은 이 구절을 많이 의역했다. 그러나 대부분의 영어 성경들은 이를 직역하여 보다 정확하게 표현했다.

"하나님은 만물 위의 머리이신 그리스도를 교회에게 주셨다."

그게 그 이야기인 것 같지만, 강조점이 다르다. 그리스도는 교회의 머리이시다. 이것은 분명한 사실이다. 그러나 바울이 이 대목에서 하는 말은 그것보다 더 크고 높은 차원의 이야기이다. 하나님은 그리스도를 만물의 통치자이자 주권자로 세우셨다. 만물이 그분께 속해 있다. 하나님의 영원하신 하늘의 기업이 예수님께 상속되었다. 그분은 만물 위에 계신 머리이시다. 그런데 하나님은 그 머리이신 예수를 교회에게 주셨다. '삼으셨느니라'라고 다소 의역했지만, 더 정확하게는 '주셨다'이다.

이것이 왜 중요한가? 교회가 받은 그리스도라는 선물의 의미가 얼마나 큰 것인지를 보여 주기 때문이다. 하나님께서는 만물의 통치자로 세우신 예수를 교회에게 은혜의 선물로 주셨다. 교회 또한 그 예수와 함께 만물의 통치자가 되었다는 말이다. 공동 상속자가 되었다는 것이다. 예수께서 받으신 영광과 권능과 능력이, 또한 교회의 것이 되었다는 것이다. 우리가 받은 구원의 크기가, 도무지 우리가 상상할 수 없는 수준이라는 말이다. 바울은 마지막에 이렇게 부연한다.

> 교회는 그의 몸이니 만물 안에서 만물을 충만하게 하시는 이의 충
> 만함이니라 (엡 1:23)

교회는 그리스도의 몸이다. 그런데 그냥 몸이 아니고, 충만함이다. 만물을 다스리실 뿐만 아니라 그리스도의 충만으로 채우시는 예수의 충만이 교회 안에 있다. 하나님의 그 풍성하심과 충만하심과 영광이 교회에게 주신 그리스도 말미암아 교회에 머물러 있다는 말이다. 아무리 생각해도 사람이 가히 이를 말이 아니다.

그래서 바울이 기도하는 것이다. 이것을 깨닫게 해 달라고 기도하는 것이다. 우리가 받은 그리스도라는 선물이 얼마나 큰 것이고 위대한 것인지 알게 해 달라는 것이다. 여기에 눈이 열리게 해 달라고, 한 번 듣고 끝나는 것이 아니라 날마다 새롭게 깨달아 이렇게 놀라운 선물을 받은 교회로서 이 땅을 살아가게 해 달라고 기도하는 것이다.

부르심의 소망, 우리가 받을 기업의 영광의 풍성함, 그 안에서 역사하시는 능력, 이 모든 것은 육신의 눈과 생각으로 알 수 없다. 오직 성령이 우리의 눈을 뜨게 하실 때에 보게 되는 것이다. 그때 우리는 예수가 어떤 분인지 보게 되고, 그가 사랑하시

는 교회가 어떤 존재인지 알게 된다. 세상의 시각으로 교회를 보지 말라. 사람의 눈으로 교회를 바라보지 말라. 교회는 연약하지만, 그 교회가 받은 그리스도는 만물 위의 머리이시다. 그분과 함께 교회는 모든 영광을 같이 한다. 그러므로 교회는 반드시 승리한다.

오늘 현실이 아무리 답답하고 답이 안 보이는 뿌연 안개와 같아 보일지라도 우리는 그분이 이미 승리하셨다는 사실을 믿어야 한다. 그것이 우리가 이 땅에서 현실적으로 답이 없는 것처럼 살아갈지라도 여유 있는 믿음을 가지고 뚝심 있게 다시 일어서서 소망을 갖고 나갈 수 있는 가장 중요한 근거이다.

PART 2

공동체로서의

교회

05 세 가지 질문

✳

1장 15절부터 시작된 바울의 기도는 끝맺어지지 않고, 하나님의 능력에 대한 설명으로 이어지며(1:20), 그것은 2장까지 계속된다. 헬라어 원문에서 2장 1절은 '그리고'로 시작되는데, 이는 하나님의 능력이 그리스도 안에서 하신 일들에 대한 설명이 계속되고 있음을 보여 준다. 이어지는 1~10절까지는 하나님께서 하신 일이 그리스도 안에서 믿는 자들에게 어떤 결과를 가져왔는가 하는 내용을 다룬다. 이를 세 가지 질문에 대한 각각의 답으로 정리해 볼 수 있다.

첫 번째 질문, 나는 누구였는가? (1~3절)

바울은 그리스도 안에서 우리에게 베푸신 하나님의 능력에 대해 설명하고자 한다. 이를 위해서 원래 우리의 존재가 어떠했는가를 제시한다. 한마디로 말해서, 우리는 '죽은 자'였다. 그것이 1절이 말하는 바다.

> 그는 허물과 죄로 죽었던 너희를 살리셨도다 (엡 2:1)

성경은 우리를 '허물과 죄로 죽었던' 존재라고 말한다. 그리고 하나님께서 그런 우리를 '살리셨도다'라고 가르쳐 준다(이 말은 원문에 없는 표현인데 전체 맥락의 이해를 돕기 위해 덧붙인 표현이다). 본문은 우리를 죽은 존재로 규정한다. 특별히 허물과 죄 '안에서' 죽은 존재다. 바울은 우리의 상태를 공간 개념으로 설명하고자 한다. 이것이 왜 중요하냐면 "우리가 어디에 있느냐" 하는 질문은 인간 실존을 가장 잘 드러내기 때문이다.

창세기에서 첫 사람이 범죄하고 타락한 후에 그는 하나님을 피해 숨었다. 그때 하나님께서 첫 사람에게 "너는 왜 그런 짓을 했느냐?"라고 묻지 않으시고, "아담아 네가 어디 있느냐?"라고 물으셨다. 바로 이것이 인간 실존에 대한 물음이다. "내가 지금 어디에 있는가?"는 내가 누구인지를 가장 잘 보여 준다.

그런 차원에서 우리는 이 질문을 자신에게 먼저 엄숙히 물어야 한다. 나는 지금 어디에 있는가? 그 위치와 공간과 장소가 나를 설명해 준다. 우리는 허물과 죄라는 공간 안에 있었다. 그래서 바울은 공간 개념으로 설명하는 것이다. 여기서 '허물과 죄 안에 죽었던'이라는 말은 생물학적으로 뇌가 정지되거나 우리의 육체가 마비된 상태를 말하는 것이 아니다. 여기서 죽었다는 말은 하나님에게서 끊어져서 생명이 끊긴 상태이다.

가지는 나무에 붙어 있다. 겨울이 오면 나뭇잎이 떨어지고 겉으로 보기에는 가지가 마치 죽은 것처럼 보인다. 그런데 가지가 살아 있다는 것이 언제 드러나는가? 바로 봄에 그 죽은 것처럼 보였던 가지에 새순이 돋고 푸르른 잎사귀가 맺히기 시작할 때다. 가지가 나무로부터 잘리더라도 겉보기에는 살아 있는 것처럼 보이나, 시간이 지나고 세월이 흐르면 그 가지가 말라비틀어져 있는 것을 보게 된다. 결국 썩게 마련이다. '죽었던'이라는 말은 무한한 생명의 하나님으로부터 끊어진 존재라는 말이다. 영적인 죽음인 것이다. 우리는 그렇게 죽었던 존재이다.

> 그 때에 너희는 그 가운데서 행하여 이 세상 풍조를 따르고 공중의 권세 잡은 자를 따랐으니 곧 지금 불순종의 아들들 가운데서 역사하는 영이라 (엡 2:2)

바울은 2절에서 죄와 허물 안에 죽었다는 것의 의미를 펼쳐 나간다. '그 가운데서'라는 것은 죄와 허물 가운데서를 말하고, 인간은 그 가운데서 '행하여', 즉 걸어가고 있다. 바울은 '행하다', '걸어가다'는 표현을 통해서 인간의 삶의 방향과 자취에 대해서 자주 설명한다. 인간이 죄와 허물을 만들어 내는 길, 죄인의 길을 따라 걸어가고 있다.

이것이 주체적인 삶인가? 사람은 다 자기가 자유에 따라서 주체적인 삶을 살아간다고 생각한다. 한편 맞는 말이다. 그러나 성경은 그 이면에서 작동하는 힘들이 무엇인지를 드러낸다. 죄와 허물 가운데 걸어가는 삶은 '이 세상 풍조'를 따르는 삶이다. 사실 해석하기가 어려운 표현이다. 더 정확하게 번역하면 '이 세상의 세대'라고 할 수 있다. 세상은 공간적 개념이고, 세대는 시간적 개념이다. 세상과 시대에 속한 것들을 따라간다는 의미로 이해할 수 있다. 세상이 대세라고 말하는 것들에 따라 움직이는 삶을 말하며, 자유롭게 결정한다고 말하지만 사실 세상의 흐름과 유행을 쫓아 사람들은 살아간다.

문제는 그것을 누가 주도하고 있느냐 하는 것이다. 세상 문화는 중립적이지 않다. 분명 하나님 형상의 흔적이 남아 있는 좋고, 선한 문화도 있으나, 그렇지 않은 문화들과 악습과 폐습이 어느 나라 어느 민족에게나 있다. 그것을 누가 주도하는가? 바울은 그것이 '공중의 권세 잡은 자'라고 말한다.

'공중'이라는 것은 유대인들의 우주관을 반영한다. 하늘 중에서도 가장 낮은 단계와 수준을 가리켜 공중이라고 하는데, 바울 시대 사람들에게는 악한 영들이 활동하는 곳으로 이해되었다. 그러므로 '공중의 권세 잡은 자', 곧 그 우두머리란 사탄을 가리킨다고 말할 수 있다. 사탄은 영적인 존재다. 그래서 여기서도 '영'이라고 표현했다. 그 영이 무엇을 하는가? '불순종의 아들들' 가운데서 열심히 일하고 있다.

> 전에는 우리도 다 그 가운데서 우리 육체의 욕심을 따라 지내며 육체와 마음의 원하는 것을 하여 다른 이들과 같이 본질상 진노의 자녀이었더니 (엡 2:3)

여기에는 아무도 예외가 없다. 유대인이나 헬라인이나 할 것 없이 모두 다 죽음의 자리에서 사탄의 지배를 받고 있었다. 이것을 어떻게 알 수 있는가? 육체의 정욕을 따라 살면서, 몸과 마음과 생각의 뜻을 이루는 삶을 사는 것을 보면 안다. 하나님 뜻이 아닌 자기 뜻을 이루는 인생은 죽은 인생이다. 그리고 그 끝은 하나님의 진노다. 여기서 그 누구도 예외가 없다.

성경의 인간관은 분명하다. 인간은 죄와 허물 안에서 죽어 있는 존재이다. 겉으로는 자유롭게 행동하고 있는 것처럼 보이지만, 사실은 세상의 풍조에 휩쓸려서, 또 그것을 이끌어 가는 공중의 권세 잡은 자 곧 사탄의 지배 아래서 살아가고 있다는 것이다.

그러한 삶은 자기 육체의 정욕을 따르는 삶으로 표출된다. 세상 사람들은 여전히 정욕을 추구하고, 몸과 마음이 원하는 대로 사는 삶을 따르고 있다. 그러나 그 끝에는 하나님의 진노가 있다.

두 번째 질문, 그리스도 안에서 나는 누구인가? (4~6절)

두 번째 질문이 가능하다는 것 자체가 복음이요, 반전이다. 하나님은 인간을 절망스런 상태에 내버려 두지 않으시고, 그의 능력으로 새로운 일을 이루셨다.

긍휼이 풍성하신 하나님이 우리를 사랑하신 그 큰 사랑을 인하여

(엡 2:4)

원문에서 4절은 '그러나'라는 표현으로 시작된다. 얼마나 의미심장한 '그러나'인지 모른다. 하나님은 이 모든 상황, 인류의 비참한 운명을 반전시키셨다. 4절은 그 반전의 동인이 무엇인가를 설명한다. 하나님의 긍휼과 사랑이다. 진노의 자녀들을 향한 사랑은 이해할 수 없는 사랑이다. 하나님께 반역하고, 거역한 자들을 향한 긍휼이 하나님 아버지의 본심이다. 그것이 위대한 반전 드라마를 만들어 냈다.

허물로 죽은 우리를 그리스도와 함께 살리셨고 (너희는 은혜로 구

원을 받은 것이라) (엡 2:5)

5절부터는 하나님께서 그리스도 안에서 우리에게 하신 일이 무엇인지, 그것이 우리의 상태, 우리의 존재를 어떻게 바꾸어 놓았는지를 설명한다. 먼저 바울은 명료하게 말한다. "그는 우리를 살리셨다."

과거의 우리는 허물과 죄 안에 죽어 있는 자들이었다. 그러나 하나님은 우리를 살리셨다. 여기서 살렸다는 말은 하나님의 생명이 우리에게 들어왔다는 의미이다. 하나님과 상관없이 살아가던 사람들이 이제는 하나님과 관계있는 자들로 바뀌었다. 이것이 구원의 가장 본질적인 설명이다. 우리는 하나님의 생명에서 떠나 죽었던 자인데, 이제는 그 생명 안으로 돌아왔다.

그렇다면 그 일이 어떻게 일어났는가? 그냥 우리한테 다시 생명의 숨결을 불어넣으셨는가? '그리스도와 함께 살리셨고', 즉 바울은 우리만 살리신 것이 아니라 그리스도와 함께 살리셨음을 강조한다. 이는 그리스도께서 죽으셨다는 것을 전제로 한다. 이미 바울은 1장 7절에서 그리스도 안에서 우리가 그의 피로 말미암아 속량 곧 죄 사함을 받았다고 선언했다. 그리스도의 죽음은 우리를 대신한 죽음, 우리의 죄와 허물을 용서하시기 위한 죽음이었다.

동시에 우리와 함께한 죽음이었다고 바울은 말한다. 그리스도께서는 하나님의 생명에서 떠난 죄인들의 처지에 오셔서 함께 죽으셨다. 운명 공동체가 되셨다는 것이다. 그리스도는 우리와 죽음으로 연결되었다. 그리고 하나님의 능력이 그를 다시 살리실 때, 우리 또한 다시 살아나 하나님의 생명을 얻게 되었다. 이것이 우리가 은혜로 받은 구원이다.

> 또 함께 일으키사 그리스도 예수 안에서 함께 하늘에 앉히시니 (엡 2:6)

여기서 끝나지 않는다. 바울은 계속해서 설명한다. '함께 일으키사', 그리스도 예수 안에서 '함께 하늘에 앉히시니'. 일으킨다는 것은 바울이 예수님의 부활을 가리킬 때 사용하는 용어이고, '하늘에 앉히셨다'는 것은 예수님이 승천하여 하나님 보좌 우편에서 만유의 상속자로서 즉위하신 것을 가리킬 때 사용된 표현이다. 이 두 가지 표현은 1장 20절에도 나와 있다.

중요한 것은 역시나 '함께'이다. 우리는 그리스도와 운명 공동체가 되었다. 그분과 하나로 묶여 있다. 그리스도의 부활이 우리의 부활이고, 그분의 승천이 우리의 승천이 되었다. 그리스도의 것은 또한 그 안에 있는 자들의 것이다. 물론 우리는 아직 부활의 몸을 입지도, 하늘 보좌 우편에 앉아 있지도 않다. 그러나 그리스도 안에서 이것은 이미 이루어진 일로 설명된다. 하나님의 능력은 이미 그리스도 안에서 이것들을 이루어 놓으셨다. 그리고 그 보증으로 우리에게 성령을 주셨다(1:13).

우리가 은혜로 얻은 구원은 사망에서 생명으로 옮긴 것일 뿐만 아니라, 그리스도와 함께하는 상속자이자 통치자로서의 자리까지 이르게 한 것이다. 완전한 역전이고 반전이다. 죽었던 자가 살아났고, 공중 권세 잡은 자의 통치를 받던 자들이 이제는 만물의 통치자가 되었다. 하나님은 만물의 머리이신 그리스도를 교회에게 주셨다. 교회는 그리스도의 통치의 능력을 온 땅에 충만하게 펼쳐 내는 그분의 몸이다. 이것이 교회의 현 상태다. 하나님의 능력이 그리스도 안에서 이 모든 일을 이루셨다.

이 사실이 우리가 정말 믿어야 할 진리이다. 우리는 더 이상 세상의 풍조 아래 휩쓸리지도, 공중의 권세 잡은 자의 통치 아래 있지도, 죄와 허물의 늪 가운데 빠져 있지도 않다. 이제 우리는 그리스도와 함께한 자요, 그리스도 안에 있는 자들이다. 하나님의 긍휼과 사랑이 우리의 비참한 처지를 한 번에 뒤바꾸어 놓으셨다.

우리가 이 진리를 믿기 어려운 것은 무엇보다 우리 자신과 다른 사람들에 대한 실망감 때문이다. 자신을 돌아보면 '왜 아직도 이 모양인가' 하는 생각을 하기 쉽다. 그런데 이 또한 자연스러운 것이다. 신분과 수준 사이에 간격과 차이가 있을 수밖에 없기 때문이다. 군복을 입었다고 하루아침에 군인이 되는 것은 아니고,

유니폼을 입었다고 하루아침에 운동선수가 되는 것도 아니다. 부단한 투쟁과 반복의 연습 그리고 옆에서 도와주는 코치와 감독과 동료들을 통해서 운동선수가 만들어진다.

신앙생활도 똑같다. 우리는 애굽 쪽의 삶이 훨씬 익숙했던 사람들이다. 마크 트웨인의 소설 『왕자와 거지』를 보면 두 사람의 역할이 바뀐다. 거지가 하루아침에 왕자가 되는데, 그러다 보니 왕자의 삶이 매우 불편했다. 살아오던 관성이 한 번에 바뀌지 않는다. 우리도 마찬가지다. 그러나 하나님께는 실패가 없다. 우리를 신분에 걸맞은 수준으로 올려놓기 위해 성령님이 우리 안에 내주하셔서 우리를 만들어 가시며 계속 기다려 주시고 도와주기 때문이다.

세 번째 질문, 나는 어떻게 살아가야 하는가? (7~10절)

7이는 그리스도 예수 안에서 우리에게 자비하심으로써 그 은혜의 지극히 풍성함을 오는 여러 세대에 나타내려 하심이라 8너희는 그 은혜에 의하여 믿음으로 말미암아 구원을 받았으니 이것은 너희에게서 난 것이 아니요 하나님의 선물이라 9행위에서 난 것이 아니니 이는 누구든지 자랑하지 못하게 함이라 (엡 2:7~9)

바울은 부연되는 설명에서 이 놀라운 구원의 속성이 무엇인지를 보여 준다. 그것은 한마디로 '은혜'다. 하나님의 은혜는 도무지 자격 없는 자들에게 주어진 선물이다. 얼마나 자격이 없었는지는 이미 앞에서 다 설명이 되었다. 구원은 우리에게서 나지 않았으며, 우리의 어떤 공로에서 비롯되지도 않았다. 우리는 그저 죄와 허물 가운데서 허우적거리던 죄인들이다.

구원은 우리가 하나님 앞에서 아무것도 자랑하지 못하게 한다. 그뿐만 아니라 세상 가운데도 하나님의 은혜만 드러내게 만든다. 교회는 하나님의 은혜가 얼마나 위대한 것인지를 세상에 드러내는 선교적 공동체다. 우리는 사람들 앞에 내세울 것도 자랑할 것도 없다. 교회의 타락은 교회에 자랑거리가 많아지는 것에서 비롯된다.

교회는 하나님의 은혜만을 드러내야 한다. 그것이 아무 자격과 공로 없는 우리에게 구원이라는 선물을 베푸신 이유이다. 그러므로 구원받은 성도의 삶은 그 은혜를 드러내는 삶이어야 한다. 이것이 마지막 질문에 대한 근본적 대답이다.

우리는 그가 만드신 바라 그리스도 예수 안에서 선한 일을 위하여 지으심을 받은 자니 이 일은 하나님이 전에 예비하사 우리로 그 가운데서 행하게 하려 하심이니라 (엡 2:10)

바울은 우리가 하나님의 손으로 지은 작품이라고 말한다. 죽었다가 살아난 자는 이제 그리스도 예수 안에서 새롭게 지음받은 자로 설명된다. 누구든지 그리스도 안에 있으면 새로운 존재다(고후 5:17). 그런데 그 창조에는 목적이 있다. 우리는 '선한 일'을 위하여 지음받았으나, 바울은 이전에 우리가 죄와 허물 가운데 걸었다고 말했다(2:1). 하나님의 자비로운 구원은 우리가 걸어갈 길을 바꾸어 놓았다. '선한 일' 가운데로 걸어가도록 하신 것이다. 구원은 우리 삶의 방향과 걸음을 완전히 바꾸어 놓는다.

분명 구원은 우리의 행위에서 난 것이 아니다(2:9). 그러나 선한 행위는 우리 구원의 분명한 목적이다. 이것은 분명히 성경이 가르치는 바다. 그렇다면 선행이 무엇인가? 바울은 그것에 대해서 4~6장에서 구체적으로 설명한다. 여기서 그는 이 선행까지도 하나님의 은혜에 속한다는 것을 말하고 있다. 이 선한 일들 또한 '하나님이 전에 예비'하신 일이라는 것이다.

선행 또한 구원의 은혜라는 사실에 우리는 새롭게 눈떠야 한다. 하나님 안에서 무언가 의미 있는 삶을 살아갈 수 있다면, 그 또한 오로지 하나님의 은혜의 결과이다. 우리가 인생을 허비하지 않고, 하나님의 생명을 나타내는 삶을 살 수 있다면 그야말로 은혜이다. 우리가 헌신이라 생각하고, 수고라고 생각했던 것조차 하나님의 은혜가 아니면 드릴 수 없는 것들이었음을 고백하자. 우리의 삶은 처음부터 끝까지 그 은혜를 드러내는 삶이어야 한다. 그것이 우리가 걸어가야 할 길이다.

06 우리의 화평이신 그리스도

에베소서 2:11~22

✳

바울은 그리스도 예수 안에서 하나님께서 베푸신 놀라운 구원의 은혜가 무엇인지에 대해 설명한다. 성도는 그리스도 안에서 그분과 함께 죽고 살아나고, 함께 길을 걷는 존재다. 이제 바울은 그리스도로 말미암아 이루어진 구원을 유대인과 이방인 사이 관계의 관점에서 설명해 나간다. 결론적으로 그리스도 안에서는 구약의 율법이 규정한 민족의 구분이 더 이상 유효하지 않다는 것이다. 그리스도 안에서는 오직 새롭게 지음받은 하나의 인류만이 존재하며, 그 새로운 인류인 교회는 그리스도를 중심으로 성령 안에서 하나님이 거하시는 처소가 된다.

그러므로 생각하라 너희는 그 때에 육체로는 이방인이요 손으로
육체에 행한 할례를 받은 무리라 칭하는 자들로부터 할례를 받지
않은 무리라 칭함을 받는 자들이라 (엡 2:11)

'그러므로'는 앞선 단락과의 연결성을 강조한다. 앞선 2장
1~10절에서 바울은 그리스도 안에서 신자들에게 일어난 일에 대
해 역설했다. 하나님은 죄와 허물에 빠져 사망 안에 허우적거리
던 인생들을 건져서 살려 낼 뿐만 아니라, 그리스도와 함께 일으
키고 하늘에 앉히는 놀라운 일을 행하셨다. 그 모든 일은 전적으
로 하나님의 능력만으로 가능한 하나님의 은혜이고 선물이다.

바울은 이제 그 놀라운 구원을 구약의 하나님 백성인 이스라
엘과의 관계 안에서 설명하고 있다. 바울이 로마서나 갈라디아
서에서 이 문제에 대해 설명할 때는, 유대인과 이방인 사이에 갈
등을 일으키는 실질적인 문제를 해결하기 위해서였다. 할례나
식탁 교제와 같은 율법 준수의 문제, 또는 유대인을 향한 이방인
신자들의 우월 의식 같은 문제는 초기 교회 안에서 유대인과 이
방인 사이에 발생하였다.

다만 로마서나 갈라디아서와 달리 에베소서 안에서는 유대인
과 이방인 사이의 갈등이 표면적으로 드러나지 않는다. 아마도
에베소 교회의 구성원들 대부분이 이방인이었기 때문이라고 짐
작된다. 또는 바울이 에베소 교회에서 오랜 기간 가르쳤기에 충

분히 다른 교회에서 구약과 관련하여 발생한 문제들에 대해 주의를 주고자 했을 수도 있다.

어쨌든 바울이 이 단락에서 다루는 유대인과 이방인의 관계는 원래 이방인이었던 에베소 성도들이 얻게 된 구원의 놀라움을 설명하기 위해 초점이 맞춰져 있다. 예수 그리스도로 말미암아 얻게 된 구원이 얼마나 대단한 것인지 이스라엘과 관련하여 말하고 있다. 구약 이스라엘에게 주어진 약속에 이방인인 에베소 성도들도 참여하고 있다는 것을 강조함으로써, 바울은 성도들에게 주어진 구원의 위대함을 강조하였다.

바울은 '생각하라'고 권한다. '기억하라'가 더 정확한 번역이다. 에베소 성도들 자신들의 과거가 어떠했는지 떠올려 보라는 것이다. 물론 바울은 이미 2장 1~3절에서 그들의 과거에 대해서 충분히 설명했다. 영적으로 죽은 자였고, 하나님을 대적하는 공중 권세 잡은 자의 손에 놀아났던 것이 그들의 과거였다.

이제 바울은 이스라엘과 에베소 성도들의 관계를 통해 그들이 얼마나 하나님과 상관없는 자들이었는지를 설명하고자 한다. '그 때에' 그들은 육체로는 이방인이었다. 여기서 육체는 말 그대로 신체적인 측면을 이야기하는 것으로 보인다. 곧 이어서 '육체에 행한 할례'에 대한 언급이 주어지기 때문이다. '육체에 행한 할례를 받은 무리라 칭하는 자들', 곧 유대인들은 이방인들을 '할례 없는 자들'이라 불렀다. 다윗이 골리앗과 싸우러 나갈 때, 그를 향해 격분하며 말했던 바에도 유대인들의 이와 같은 인식이 잘 나타난다.

> 이 할례 받지 않은 블레셋 사람이 누구이기에 살아 계시는 하나님
> 의 군대를 모욕하겠느냐 (삼상 17:26下)

할례는 이스라엘 백성들이 누구인지를 보여 주는 표식으로, 하나님께서 아브라함과 그 후손에게 대대로 지키도록 명령하신 것이다. 이스라엘 모든 남자는 태어난 지 팔일 만에 할례를 받음으로써 언약 백성으로서의 지위를 얻게 된다. 반면, 할례를 받지 않는 자는 백성 중에서 끊어진다(창 17:7~14).

특별히 우리는 아브라함에게 할례와 언약이 주어진 맥락을 잘 살펴볼 필요가 있다. 할례는 아브라함과 그 후손에게 땅을 기업으로 주겠다는 약속에 붙어 있다.

> 7내가 내 언약을 나와 너 및 네 대대 후손 사이에 세워서 영원한 언
> 약을 삼고 너와 네 후손의 하나님이 되리라 8내가 너와 네 후손에
> 게 네가 거류하는 이 땅 곧 가나안 온 땅을 주어 영원한 기업이 되
> 게 하고 나는 그들의 하나님이 되리라 9하나님이 또 아브라함에게
> 이르시되 그런즉 너는 내 언약을 지키고 네 후손도 대대로 지키라
> 10너희 중 남자는 다 할례를 받으라 이것이 나와 너희와 너희 후손

사이에 지킬 내 언약이니라 11너희는 포피를 베어라 이것이 나와

너희 사이의 언약의 표징이니라 (창 17:7~11)

분명한 것은 아브라함과 그 후손에게 하나님께서 명하신 할
례가 분명 남성의 포피를 베는 행위라는 점이다. 다시 말해, 우
리는 할례 문제를 마음의 문제로 바로 연결시키지 않도록 주의
해야 한다. 구약에서도 마음의 할례 문제를 중요하게 다룬다(신
10:16). 그러나 그것이 몸에 행하는 할례를 대체하는 것은 아니다.
몸에 할례를 받지 않은 이방인이 이스라엘 백성과 함께할 수 없
다는 사실은 너무나 분명하다(겔 44:9).

따라서 몸에 행하는 할례는 유대인과 이방인을 나누는 중요
한 기준이었다. '그 때에' 에베소 사람들은 할례 없는 이방인이었
고, 이는 그들이 이스라엘과 아무 상관이 없음을 보여 주었다. 구
약의 관점에서 이스라엘과 상관이 없다는 것은 하나님께서 약속
하신 유업과 상관이 없다는 의미가 된다.

그 때에 너희는 그리스도 밖에 있었고 이스라엘 나라 밖의 사람이

라 약속의 언약들에 대하여는 외인이요 세상에서 소망이 없고 하

나님도 없는 자이더니 (엡 2:12)

12절이 이러한 사실을 뒷받침한다. 에베소 성도들이 그리스

도 밖에 있던 '그 때에' 그들은 하나님과 전혀 상관없는 사람들이었다. 이스라엘 나라 밖에 있었고, 약속의 언약들에 대하여는 외부인이었다. 이는 하나님으로부터 받을 유업이 없음을 함의한다. 에베소 사람들 같은 이방인들은 하나님이 없기에, 소망도 없는 존재들이었다.

사실 11~12절의 바울의 설명은 우리에게 확 와닿지 않는다. 이스라엘과 이방인이라는 구도가 우리에게 익숙하지 않다. 우리는 바로 우리가 참 이스라엘이라고 생각하기 때문이다. 한편 오늘날 기독교를 비아냥거리는 사람들 중에는 '왜 우리 민족 고유의 신도 있는데, 다른 민족의 신을 믿어야 하는가?'라고 말하는 이들이 있다. 이에 대해 어떻게 답할 수 있을지 생각해 볼 필요가 있다.

성경이 가르치는 인류의 구원은 유대인에게서 나며(요 4:22), 그리스도가 육신으로서는 이스라엘 사람이라는 것이다(롬 9:5). 또한 그리스도의 이름으로 죄 사함을 받게 하는 회개가 예루살렘에서 시작하여 모든 족속에게 전파되는 것이 성경에 담겨 있는 하나님의 뜻과 계획이다(눅 24:47). 하나님은 이스라엘 백성을 먼저 택하셨고, 그들을 통해서 예수 그리스도가 이 땅에 오게 하셔서 궁극적으로 온 세상의 주가 되게 하신 것이다. 그러므로 하나님 구원의 경륜에 대해서 생각할 때, 민족으로서의 구약 이스라엘을 건너뛰지 않는 것이 중요하다. 이것이 바울이 "먼저는 유대인에게요 그리고 헬라인에게다"라고 말한 것의 의미다(롬 1:16).

물론 현대의 유대인들이나 이스라엘 국가에 이방인과 다른 구원의 경륜이 있다고 생각하는 가르침들 역시 성경적이지도, 복음적이지도 않다. 유대인과 이방 교회를 분리해서 생각하는 것을 소위 세대주의 신학이라고 한다. 그러나 그러한 신학의 방향은 바울이 전하고 있는 복음과 상당히 동떨어진 것으로 보인다. 앞으로 이어질 내용에서 이제 더 이상 유대인과 이방인이라는 구분의 경계가 존재하지 않는다는 사실을 바울이 말할 것이기 때문이다.

> 이제는 전에 멀리 있던 너희가 그리스도 예수 안에서 그리스도의 피로 가까워졌느니라 (엡 2:13)

13절은 4절과 같은 놀라운 반전을 보여 준다. 다만 여기서도 '그러나'가 강조되어 번역되지 못했다. '그러나 이제는'이라는 표현은 완전히 달라진 상황을 말해 준다. '전에' 멀리 있던 이방인들이 가까워졌다. 여기서도 바울은 공간적인 개념으로 구원을 설명한다. 이전에는 하나님의 백성과 그들에게 주어진 언약에서 멀리 떨어져 있었던 이방인들이 이제는 가까워지게 되었다. 스스로 가까이 다가온 것이 아니라, 하나님께서 '그리스도 예수 안에서' 그들의 위치를 바꾸어 놓으시고, 그들을 가까이 끌어당기셨다는 것이다. 어떻게 그것이 가능해졌는가? 그리스도의 피, 곧 그분의 죽음이 있었기에 가능했다.

고등학교 때 자퇴를 하고 공장 생활을 한 적이 있었다. 그러다 다시 복학을 했기에 학교 다닌다는 것이 감격스러웠다. 어디를 다니든 교복을 입고 다녔다. 주일 교회에 가면 교복을 입고 있는 사람은 나뿐이었다. 복학생이다 보니 고등부 예배를 갈 수 없어서 어른 예배에 참석했는데, 더욱 눈에 띌 수밖에 없었다. '교복을 입은 고등학생이 왜 어른 예배에 참석을 하지?' 하며 다들 이상하게 보았을 것이다.

하루는 주일 예배를 드리고 나가려는데 고등부 전도사님이 내 손을 딱 잡았다. 전도사님은 몇 주 동안 지켜보면서 왜 주일에 교복을 입는지, 또 왜 어른 예배를 드리는지가 궁금했다고 말씀하셨다. 그래서 구구절절 사정을 이야기했다. 전도사님은 이야기를 다 듣고 나서 나이가 들었더라도 고등학생이니까 고등부 예배를 나오라고 말씀하셨다. 그렇게 몇 년간 그 전도사님에게 아주 철저히 신앙 훈련을 받았다. 그때 신앙의 기초가 탄탄하게 세워졌다. 돌이켜 보면 그때 그 전도사님이 내 손을 잡고 끌어당기지 않으셨다면 어떤 인생을 살았을지 모르겠다.

우리의 구원이 그렇게 시작되었다. 구원이 필요한 존재인 줄도 모르고 살아가던 우리를 하나님께서 먼저 사랑하셨다. 하나님은 아들 예수 그리스도를 이 땅에 보내서서 우리 죄를 대신하여 십자가에 피 흘려 죽게 하셨다. 우리는 그것도 모르고 살았다. 지난날 멀리 있던 우리를 그리스도의 피로 하나님께 가까이 끌어당기셨다.

> 그는 우리의 화평이신지라 둘로 하나를 만드사 원수 된 것 곧 중간
> 에 막힌 담을 자기 육체로 허시고 (엡 2:14)

그렇다면 예수님의 죽음으로 이방인들이 하나님의 언약 백성으로 편입될 수 있었다는 말의 의미는 무엇일까? 바울이 이를 친절하게 설명하지 않기 때문에 이해하기 까다로운 문제다. 다만 바울의 명확한 논지는 이것이다. 유대인과 이방인으로 사람이 구분되던 이전의 구도를 하나님께서 '그리스도 안에서' 완전히 바꾸어 놓으셨다는 것이다. 즉, 그리스도 안에서 유대인과 이방인이라는 구분은 무의미해졌으며, '하나의 새로운 사람'만 남는다.

앞서 바울은 유대인과 이방인을 갈라놓는 기준으로 '할례'를 언급했다. 할례 여부가 이 둘을 갈라놓았다. 할례는 하나님의 계명이며, 또한 율법이다. 그러므로 유대인과 이방인을 갈라놓는 기준은 구약의 율법이라 할 수 있다. 그렇다면 유대인과 이방인

의 구분을 없앨 수 있는 가장 분명한 방법이 무엇이겠는가? 그러한 구분을 만들어 내는 율법 자체를 무력화시키면 된다. 기준과 선이 사라지면 구분은 불가능해진다.

바울은 율법을 '중간에 막힌 담'이라고 표현한다. 할례는 담과 같이 유대인과 이방인 사이를 갈라놓았고, 이 담은 사람 사이를 갈라놓을 뿐 아니라 '원수'되게 만든다. 담과 울타리를 치는 것은 나와 너는 다르다는 표시이며, 그러한 경계를 통해 집단의 정체성은 강화된다. 무엇보다 경계 밖에 있는 이들을 향한 적개심은 그러한 정체성이 강화될수록 강력하게 표출되곤 한다.

그리스도는 그것을 자기 육체로 허셨다. 이 또한 '그리스도의 피'와 함께 그리스도의 죽음을 나타내는 상징적 표현이다. 그리스도의 죽음은 유대인과 이방인 사이를 갈라놓았던 율법의 담을 헐어 버리는 결과를 가져왔다.

> 법조문으로 된 계명의 율법을 폐하셨으니 이는 이 둘로 자기 안에
> 서 한 새 사람을 지어 화평하게 하시고 (엡 2:15)

15절에서는 이 사실이 보다 구체화된다. 그리스도는 각종 규례와 조문으로 가득한 율법을 폐하셨다. '폐하셨다'로 번역된 단어는 '쓸모없게 만들다', '무력하게 만들다'는 의미도 가질 수 있다. 그리스도의 죽음은 율법을 무력화시켰다. 그 결과, 유대인과

이방인들을 가르던 경계들이 무력하게 되었다. 그러나 바울은 어떻게 그 일이 일어났는지에 대해서는 자세하게 설명하지 않는다. 바울은 그리스도의 죽음이 율법의 저주를 받은 죽음이라는 사실을 염두에 두고 있는 것으로 보인다(갈 3:13).

따라서 이제 그리스도 안에서는 유대인과 이방인 사이의 구분이 존재할 수 없다. 그리스도는 이 둘을 '하나의 새로운 사람'으로 창조하셨다. 이는 그리스도 안에 있으면 이방인과 유대인 할 것 없이 새로운 존재이며(고후 5:17), 그리스도 안에서 유대인이나 헬라인이나 하나라는 것을 의미한다(갈 3:28~29). 둘로 나누던 경계가 사라지면서 적개심과 원수된 것도 사라진다. 그리스도는 유대인과 이방인 사이에 화평이 되셨다.

또 십자가로 이 둘을 한 몸으로 하나님과 화목하게 하려 하심이라
원수 된 것을 십자가로 소멸하시고 (엡 2:16)

여기서 바울은 그리스도의 죽음을 가리키는 또 다른 상징을 사용한다. 그것은 '십자가'다. 앞서 살펴보았듯이 그리스도의 죽음은 율법을 무력화시킴으로써 유대인과 이방인을 하나의 몸으로 묶어 놓았다. 그러나 그것으로 끝난 것이 아니다. 예수님의 죽음은 한 몸이 되게 한 인류를 하나님과 화목하게 했다. 십자가는 유대인과 이방인 사이의 원수 됨을 무너뜨렸을 뿐만 아니라, 하

나님과 인류 사이의 원수 됨 또한 소멸시켰다. '소멸시키다'로 번역된 단어는 '죽이다'라는 의미를 가지고 있다. 그리스도는 십자가의 죽음을 통해 하나님과 인간 사이의 원수 됨을 죽였다.

이쯤에서 한 번 정리가 필요할 것 같다. 그리스도의 십자가 죽음은 크게 두 방향의 화평을 가져왔다. 바울이 여기서 묘사하는 순서대로 하자면, 먼저 유대인과 이방인 사이의 화평이다. 그 것은 그리스도의 희생적 죽음이 율법을 무력화시킴으로써 가능한 일이었다. 그리스도는 십자가에서 율법의 저주를 받아 죽으셨기에, 그 그리스도 안에 있는 자들은 더 이상 율법의 영향 아래 놓여 있지 않게 되었다. 그러므로 할례와 율법으로 규정되는 정체성은 그리스도 안에서 더 이상 의미가 없다. 그리스도 안에서는 유대인과 이방인이 하나가 된다.

다른 방향으로는 인간과 하나님 사이의 화평이다. 그리스도는 십자가에서 하나님과 인간 사이의 화평을 이루셨다. 그리스도의 죽음을 통해서만 모든 인류는 죄 사함을 얻고 하나님과 화해하게 되었다(1:7). 중요한 것은 유대인이나 이방인이나 모두 그리스도의 십자가를 통해서만 하나님과 화목을 이룰 수 있다는 것이다. 한때 언약 백성이었던 유대인들이라 할지라도 그리스도 앞에서 자랑할 수 있는 것은 없다. 이제 하나님의 백성은 율법이 아니라 그리스도에 의해서 그 정체성이 규정되기 때문이다. 그리스도의 십자가로 말미암아 하나님의 은혜로 받은 구원은 유대인과 이방인 모두 자랑하지 못하게 만든다(2:9).

> 17또 오셔서 먼 데 있는 너희에게 평안을 전하시고 가까운 데 있는 자들에게 평안을 전하셨으니 18이는 그로 말미암아 우리 둘이 한 성령 안에서 아버지께 나아감을 얻게 하심이라 (엡 2:17~18)

그러므로 예수님은 '평안'을 전하시는 분이다(14절의 '화평'과 같은 단어다). 여기에 상응하는 히브리어 단어가 '샬롬'이다. 우리의 화평이신 그리스도는 십자가에서 이루신 화평, 평안을 유대인과 이방인 모두에게 전하셨다. 여기서 '먼 데 있는 너희'는 이방인 에베소 성도들을, '가까운 데 있는 자들'은 유대인을 가리킨다. 그리스도께서는 화평의 좋은 소식을 유대인과 이방인 모두에게 선포하셨다.

예수께서 전하신 화평은 앞서 바울이 설명한 것처럼 수평적이고 수직적인 측면 모두를 포함한다. 그 결과 이방인과 유대인 모두가 예수로 말미암아 하나의 성령 안에서 아버지 하나님께 나아가게 되었다. '한 몸'(16절)과 더불어 '한 성령'(18절)은 이방인과 유대인이 하나 됨을 보여 준다.

그러므로 이제부터 너희는 외인도 아니요 나그네도 아니요 오직

성도들과 동일한 시민이요 하나님의 권속이라 (엡 2:19)

바울은 그리스도로 말미암아 완전히 달라진 이스라엘(유대인)과 이방인들의 관계를 다시금 정리한다. 이제 에베소 성도들을 포함한 이방인들은 더 이상 언약 백성에 포함되지 못하는 외부인이나 외국인이 아니다. 그들은 그리스도 안에서 성도들의 동료 시민이며, 하나님의 집 식구다. 다시 말해 하나님의 언약 백성으로서의 지위를 누리며, 하나님의 유업을 받는 상속자가 되었다. 그것은 이방인들이 유대인들을 따라 율법에 헌신해서가 아니라, 오직 그리스도의 죽음을 통해 언약 백성이 새롭게 규정되었기 때문이다. 이제 그리스도 예수 안에 있는 자들은 유대인이나 이방인이나 구별 없이 모두 하나님의 백성이요 하나님을 아버지로 부르는 가족이다(요 1:12~13).

> 20너희는 사도들과 선지자들의 터 위에 세우심을 입은 자라 그리스도 예수께서 친히 모퉁잇돌이 되셨느니라 21그의 안에서 건물마다 서로 연결하여 주 안에서 성전이 되어 가고 22너희도 성령 안에서 하나님이 거하실 처소가 되기 위하여 그리스도 예수 안에서 함께 지어져 가느니라 (엡 2:20~22)

바울은 이 단락을 마무리하면서 성도들을 성전 건물에 빗대어 묘사한다. 이들은 '사도들'과 '선지자들'이 닦아 둔 터 위에 세워졌다. 이것은 복음과 말씀 전파를 통해 교회가 세워지는 것을 비유적으로 표현한 것이다(롬 15:20, 고전 3:10). 그러므로 사도들과 선지자들은 모두 신약 시대에 말씀을 전하는 사명을 받은 이들로 이해하는 것이 더 적절하다.

'선지자들'은 구약의 인물들이 아닌 신약 시대에 하나님의 말씀을 받아 전하는 사명을 가진 사람들을 가리킨다. 에베소서에서의 용례가 모두 그러하다(3:5, 4:11). 특별히 바울은 사도와 선지자를 거의 동일 선상에 놓고 설명하는데, 선지자의 직분은 사도직과 마찬가지로 신약 교회에 임시적으로 주어진 직분으로 이해하는 것이 적합할 것이다. 신약 성경이 완성된 이래 더 이상 교회에 사도와 선지자의 직분은 존재하지 않는다.

교회의 기초와 중심은 언제나 그리스도이시다. 사도들이나 선지자들 같은 직분자들이 교회를 세워갈 수 있었던 것은 그리스도께서 친히 건물의 모퉁잇돌이 되셨기 때문이다. 그분께서 교회에 선물로 주신 사역자들은 단지 맡겨진 일을 감당할 뿐이다(4:8~12).

그렇기에 바울은 예수를 기초로, 예수 안에서 세워져 가는 온(모든) 건물이 함께 연결되어, 주 안에서 성전으로 자라 간다고 말한다. 개역개정은 '건물마다'라고 번역하여 여러 건물이 연결되어 가는 것처럼 전했지만, 한 건물(단수)의 여러 부분들이 점차 연결되어 가면서 성전으로 커 가는 모습을 생각하는 게 더 적절하다. 바울은 4장에서 거의 동일한 표현을 사용하여 '온 몸'이 각 지체마다 연결되어 자라 간다고 표현한다.

성전은 하나님이 거하시는 처소이다. 구약에 따르면, 할례 없는 이방인들은 성전에 들어가지 못했으나 이제 이방인들도 유대인들과 동일하게 그리스도 예수 안에서 성령으로 하나님이 거하시는 성전이 되어 함께 지어져 간다. 우리는 하나님도 없고, 소망도 없던 존재에서 하나님이 성령으로 거하시는 존재로 그리스도 안에서 완전히 새로워졌다.

이 놀라운 구원의 그림이 수동형으로 묘사되고 있음에 주목해야 한다. 다시 말해 진짜 주어는 '삼위 하나님'이시고, 구원도, 교회도 우리가 자랑할 수 있는 여지가 없다. 이 모두가 하나님이 그리스도 안에서 성령으로 이루셨고 이루어 가시는 일이다. 이 일은 될 수도 있고 안 될 수도 있는 일이 아니라 반드시 이뤄진다. 우리는 멋진 완성을 향하여 지어져 가고 있다.

07 환난의 영광

에베소서 3:1~3

✳

　3장은 전체 6장으로 구성된 에베소서의 중심부에 해당한다. 1~2장에서 바울이 깨달은 하나님의 비밀에 대해서 설명했다면, 4~6장은 에베소 성도들을 향한 직접적인 권면이 등장한다. 3장은 그 중간에서 둘을 연결시키는 역할을 한다고 말할 수 있다. 흥미롭게도 그 중심에는 바울 자신의 이야기가 있다. 즉, 이방인의 구원을 향한 하나님의 큰 이야기가 에베소 성도들이라는 지역교회의 구체적인 이야기가 되기 위해서 꼭 필요한 것은 이방인을 위한 사도, 바울의 이야기였다. 바울은 하나님의 이야기와도 연결되며, 에베소 성도들의 이야기와도 연결되면서 하나님의 큰 이야기 안에 에베소 성도들을 위치시킨다.

이러므로 그리스도 예수의 일로 너희 이방인을 위하여 갇힌 자 된

나 바울이 말하거니와 (엡 3:1)

바울은 자신을 '갇힌 자'(죄수)로 소개한다. 이것은 바울의 현재 처지이다. '그리스도 예수의 죄수'라는 표현은 독특하다. 이는 개역개정의 번역이 가리키듯 예수로 인해서 죄수가 되었다고 보는 것이 적합하다. 특별히 그는 '이방인을 위하여' 사역을 하던 중 영어의 몸이 되었다.

너희를 위하여 내게 주신 하나님의 그 은혜의 경륜을 너희가 들었

을 터이라 (엡 3:2)

여기서 사용된 '경륜'이란 단어 '오이코노미아'는 1장 9절 그리고 3장 9절에서와는 조금 다르게 이해되어야 한다. 바울은 여기서 하나님의 구원 역사와 큰 섭리에 대해 말하지 않고, 이방인의 사도라는 자신의 직분에 대해서 설명하고 있기 때문이다. 여기서 경륜은 하나님께서 바울에게 주신 것으로 묘사된다. 이 단어는 '직분'이나 '청지기직' 등으로 번역될 필요가 있다.

내가 내 자의로 이것을 행하면 상을 얻으려니와 내가 자의로 아니

한다 할지라도 나는 사명을(오이코노미아) 받았노라 (고전 9:17)

내가 교회의 일꾼 된 것은 하나님이 너희를 위하여 내게 주신 직분

을(오이코노미아) 따라 하나님의 말씀을 이루려 함이니라 (골 1:25)

앞으로 드러나겠지만, 바울이 받은 직분(오이코노미아)과 하나님께서 세상을 운영하시는 경륜(오이코노미아)은 별개의 것이 아니라 아주 긴밀히 연결되어 있다. 바울의 인생은 하나님의 큰 그림 안에 들어와 있고, 그렇기에 그는 자신이 맡게 된 직분이 하나님이 주신 은혜라고 말한다. 직분과 사명은 하나님의 선물이다.

이것은 우리가 인생을 살아가는데 엄청난 경의를 보여 준다. 한 사람이 빗자루를 들고 성전 마당을 쓸고 있다. 이 사람은 밥을 먹고 살기 위해서 어쩔 수 없이 이 일을 하고 있다. 그 사람에게 성전 마당을 쓰는 일은 밥벌이에 불과하다. 그런데 어떤 사람은 같은 일을 하면서도, 하나님의 거룩한 성전에서 봉사하고 있는 것이라 생각한다. 그때 이 사람의 '오이코노미아'는 하나님의 범우주적인 경륜 속에 참여된 직분이 된다.

우리가 이원론에 빠지면 일하는 것을 세상에서 밥벌이하는 것으로 오해하기 쉽다. 그러나 우리는 하나님의 시각에서 우리에게 맡겨 주신 일들을 생각해야 한다.

교회 안에서도 마찬가지이다. 우리에게 주어진 직분을 하찮은 일로 여기고 쉽게 직분을 내던지려는 사람은 아주 무서운 생각을 하고 있는 것이다. 작고 하찮은 일처럼 보일지라도, 혹은 반

대로 크고 중요한 일처럼 보일지라도 하나님의 기준에서는 다 똑같다.

> 3곧 계시로 내게 비밀을 알게 하신 것은 내가 먼저 간단히 기록함
> 과 같으니 4그것을 읽으면 내가 그리스도의 비밀을 깨달은 것을 너
> 희가 알 수 있으리라 (엡 3:3~4)

바울이 받은 직분은 '너희' 곧 에베소 성도들을 포함한 이방인들을 위한 것이다. 에베소 성도들은 바울이 어떻게 이방인의 사도라는 직분을 받았는지 들었을 것이다. 즉, 바울이 다메섹에서 하나님을 만났던 체험에 대해서 이들은 알고 있었고, 바울이 맡은 이방인을 위한 사도라는 직분은 그에게 알려진 '비밀'과 관련되어 있다. 그것은 '계시'를 따라서 그에게 알려진 것이다.

여기서 바울은 자신의 직분이 사람에게서 난 것이 아니고 하나님으로부터 주어진 것이라는 사실을 강조한다. 그가 받은 직분과 그가 깨달은 비밀은 모두 하나님(그리스도)으로부터 기인한다(갈 1:1, 11~12).

그 비밀에 대해서는 바울이 앞선 1~2장에서 먼저 기록한 바 있다(1:9). 그것을 읽는다면 그리스도와 관련한 비밀에 대한 바울의 통찰을 이해할 수 있을 것이다. 그럼에도 바울은 그 비밀에 대해 다시금 언급하고 있다.

5이제 그의 거룩한 사도들과 선지자들에게 성령으로 나타내신 것

같이 다른 세대에서는 사람의 아들들에게 알리지 아니하셨으니 6

이는 이방인들이 복음으로 말미암아 그리스도 예수 안에서 함께

상속자가 되고 함께 지체가 되고 함께 약속에 참여하는 자가 됨이

라 (엡 3:5~6)

그 비밀은 다른 세대에서는 '사람의 아들들' 곧 사람들에게 알려지지 않았다. 그러나 '이제' 그 비밀이 거룩한 사도들과 선지자들에게 성령으로 계시된다. 여기서 사도들과 선지자들은 2장 20절과 마찬가지로 신약에 한시적으로 존재했던 직분을 가리킨다. 하나님은 그리스도의 죽음과 부활을 통해 사도들과 선지자들에게 성령으로 그리스도의 비밀을 계시하셨다(골 1:26).

바울은 그 비밀의 핵심을 한마디로 요약한다. 특히 2장 5~6절과 비슷하게 '함께'라는 접두어로 이루어진 세 가지 표현을 나열한다. 이방인들이 그리스도 예수 안에서 복음을 통해 '함께 상속자', '함께 지체', '함께 약속에 참여하는 자'가 되는 것은 이제서야 알려진 비밀이다. 이방인들은 그리스도 안에서 '유대인들과 함께' 상속자요 지체요 참여하는 자가 되었다. 바울이 앞서 2장 11~22절에 기록한 바와 같다.

이 대목에서 강조점은 이방인들을 향해 있다. 그리고 그것이 바울이 깨달은 비밀의 핵심적인 내용이다. 한 가지 제기할 수

있는 질문은 구약에는 이방인들이 하나님의 백성으로 편입될 것이 전혀 계시되지 않았는가 하는 것이다. 분명 구약에도 이스라엘로부터 열방으로 향하는 구원에 대한 이야기들이 있다. 대표적으로 창세기 12장 1~3절을 들 수 있으며, 이사야 2장 1~4절이나 49장 6~7절 또한 이방인들의 구원에 대해서 말씀하는 구절들이다.

바울은 지금 구약에 계시된 것만으로는 상상할 수 없었던 진리에 대해서 말하고 있다. 이사야 2장만 생각해 보더라도, 이방인의 구원은 시온산과 예루살렘 성전으로 이방인들이 모여 드는 그림으로 묘사된다. 그곳에서 그들은 율법을 배우며 행하게 될 것이다. 다시 말해, 이방인들은 이스라엘의 율법을 지키는 자들로 개종하여 하나님의 백성으로 편입됨을 보여 준다. 할례를 받지 아니한 자들과 부정한 자들은 예루살렘 성전에 들어가지 못한다(사 52:1).

예수 그리스도로 말미암아 계시된 비밀은 이방인들이 율법이 아닌 다른 방식으로 하나님의 백성으로 편입된다는 사실이었다. 바울이 6절에서 밝히는 것처럼 '복음으로 말미암아', '그리스도 예수 안에서' 이방인들이 약속의 상속자가 된다. 더 정확히 말하자면 이방인들뿐만 아니라 유대인들 또한 율법이 아닌 예수 그리스도와 그 복음을 믿음으로 하나님의 백성이 된다(갈 2:15~16). 결국 오직 그리스도 예수 안에서만 유대인과 이방인의 경계가 사라지고, 한 하나님의 백성이 된다는 것이 바울이 에베소서에서 말하고자 하는 비밀의 핵심이다.

> 이 복음을 위하여 그의 능력이 역사하시는 대로 내게 주신 하나님
> 의 은혜의 선물을 따라 내가 일꾼이 되었노라 (엡 3:7)

바울은 이 놀라운 비밀의 통로인 예수 그리스도의 복음을 전하는 일꾼이 되었다. 7절은 '내게 주신 하나님의 은혜'라는 표현을 2절에 이어 반복함으로써, 이방인을 위한 바울의 사도직이 하나님의 은혜의 선물이라는 것을 다시 강조한다. 그 직분은 하나님 능력의 역사하심을 통해 특별히 주어진 것이다.

여기서 바울은 자신의 다메섹 체험을 떠올리고 있는 것 같다. 바울이 이방인을 위한 사도가 되는 과정은 바울의 의지와는 아무런 상관이 없었다. 하나님의 주권적인 개입과 역사를 통해서 일어난 일이었다. 사도직은 바울이 원해서 받은 것도 아니고, 노력해서 이룬 것도 아니었다. 오직 은혜다.

> 8모든 성도 중에 지극히 작은 자보다 더 작은 나에게 이 은혜를 주
> 신 것은 측량할 수 없는 그리스도의 풍성함을 이방인에게 전하게
> 하시고 9영원부터 만물을 창조하신 하나님 속에 감추어졌던 비밀
> 의 경륜이 어떠한 것을 드러내게 하심이라 (엡 3:8~9)

바울은 이미 1~7절을 통해서 하나님께서 이방인을 향해 나타내 보이신 놀라운 비밀과, 그 비밀을 여는 통로인 복음을 맡은 자신의 직분을 연결시켜 나갔다. 그것은 '하나님의 은혜'로 요약될 수 있다. 8절에서는 그 은혜의 성격이 복음과 관련하여 더 분명히 나타난다. 바울은 자신을 '모든 성도 중에 지극히 작은 자보다 더 작은 자'라고 가리킨다. 원문대로 하자면 이 구절은 '나에게'로 시작되는데, 자신이 어떠한 존재임을 강조함으로써 하나님 은혜의 크심을 드러내고자 한 것이다.

바울이 스스로를 성도들 중에서도 지극히 작은 자라고 표현한 이유는 무엇일까? 여기서는 명시적으로 표현하고 있지 않다. 그러나 분명 교회를 핍박했던 자신의 과거와 관계있을 것이다.

> 나는 사도 중에 가장 작은 자라 나는 하나님의 교회를 박해하였으므로 사도라 칭함 받기를 감당하지 못할 자니라 (고전 15:9, 참고_딤전 1:15)

바울은 교회를 맹렬하게 핍박한 인물이다. 그리스도와 교회의 원수 된 자였다. 하나님은 그런 자를 부르셔서 이방인의 사도로 삼으셨다. 바울은 그것을 '측량할 수 없는 그리스도의 풍성함'으로 묘사한다. 유대인에게 이방인들은 원수 된 자들이었다 (2:14). 그러나 하나님은 그리스도를 열심히 대적했던 바울을 부르셔서, 하나님의 은혜가 얼마나 큰 것인지를 보여 주셨다. 그렇기에 원수 되었던 이방인들에게 그리스도의 풍성함을 전하기에 바울만큼 적합한 인물도 없었다. 바울 스스로 복음이 무엇이며, 그 안에 담긴 하나님의 부요하심이 무엇인지 나타내는 메시지가 되었던 것이다.

하나님은 그를 통해 오래도록 감춰져 있다가 나타난 하나님의 비밀이 어떻게 역사 가운데 경영(오이코노미아)되었는지를 드러나게 하셨다. 그것은 하늘에 있는 것이나 땅에 있는 것이나 모두 그리스도의 다스림 아래 있게 하는 것이다(1:9~10).

> 10이는 이제 교회로 말미암아 하늘에 있는 통치자들과 권세들에게 하나님의 각종 지혜를 알게 하려 하심이니 11곧 영원부터 우리 주 그리스도 예수 안에서 예정하신 뜻대로 하신 것이라 12우리가 그 안에서 그를 믿음으로 말미암아 담대함과 확신을 가지고 하나님께 나아감을 얻느니라 (엡 3:10~12)

바울은 보다 우주적인 차원에서 자신에게 직분이 주어진 이유에 대해서 설명한다. 하늘에 있는 통치자들과 권세들에게 하나님의 각종 지혜가 알려지는 것이다. 하늘의 통치자와 권세들이란 하나님을 대적하고 사람들을 미혹하는 영적인 세력들을 가리킨다(2:2). 이제 바울의 사역으로 세워진 이방인과 유대인이 함께 하는 교회를 통해 하나님은 그 영적인 세력들에게 놀라운 지혜를 나타내신다.

'각종'이란 다양하여 파악하기 어려운 것을 의미한다. 하늘의 통치자와 권세가 알지 못하는 각종 지혜가 나타났다는 것은 그들을 향한 하나님의 승리 선언으로 이해되어야 한다(골 2:15). 더 놀라운 것은 하나님의 지혜가 십자가에 못 박힌 그리스도에게서 나타났다는 점이다(고전 1:23~24). 그리스도의 십자가와 그로 인해 세워진 유대인과 이방인의 교회는 그 누구도 예상치 못한 하나님의 지혜요 능력이었다.

'하나님께 나아간다'는 표현은 2장 18절을 상기시킨다. 성도들은 예수 그리스도 안에서 하나님께 나아갈 수 있는 담대함과 확신을 얻는다. 하나님의 지혜인 예수 그리스도의 십자가로 하나님과 화평을 이루셨기 때문에 가능해진 일이다(2:16). 그러므로 하나님께서 드러내고자 하신 비밀의 핵심은 그리스도의 십자가가 있다는 사실을 인식해야 한다.

> 그러므로 너희에게 구하노니 너희를 위한 나의 여러 환난에 대하여 낙심하지 말라 이는 너희의 영광이니라 (엡 3:13)

바울은 1절에서 언급했던 자신의 투옥에 관하여 다시 언급함으로써 이 단락을 마무리한다. 그는 에베소 성도들을 포함한 이방인들을 위한 사명과 직분을 감당하다가 감옥에 갇히는데, '너희를 위한 나의 여러 환난'으로 표현되는 바가 그것이다.

그런데 바울은 긴 이야기 끝에 에베소 성도들에게 "그러므로 낙심하지 말라"라고 권면한다. 왜 바울의 투옥이 그들에게 낙심이 되었을까? 당시 명예-수치 문화의 관점에서 생각할 수 있다. 지금도 그렇지만, 가족이나 지인이 투옥된 사실을 자랑스러워할 리 없고, 부끄럽게 여겨 숨기기 마련이다. 바울의 투옥은 에베소 성도들에게 상당히 수치스런 일이었을 것이다. 바울은 단지 지인이 아니라, 그들의 사도이며 스승이었기 때문이다. 쉽게 말해 담임 목사가 감옥에 가 있는 것을 자랑스러워 할 성도가 어디 있겠는가.

하지만 바울은 그것이 오히려 너희의 '영광'이라고 말한다. 영광은 가장 명예로운 언어이다. 투옥이나 환난과는 좀처럼 어울리지 않는 말이다. 그런데 바울은 그가 당하는 환난에 낙심하지 말고 명예로운 일로 여기기를 에베소 성도들에게 당부한다.

왜 그래야 할까? 또 어떻게 그럴 수 있을까? 13절을 시작하는 '그러므로'는 앞 단락 전체를 받는다고 할 수 있다. 바울은 이 단락에서 자신의 이야기와 하나님의 이야기를 하나로 묶어 놓았다. 자신의 직분은 하나님으로부터 온 사명이다. 그것은 전적으로 하나님의 은혜와 강권적 역사였고, 바울 개인의 이야기는 사실 더 큰 하나님 이야기의 일부였다.

하나님은 사실상 우주적인 목적을 가지고 바울을 부르셨고,

그를 통해 교회를 세우셨다. 그것은 이방인들에게 그리스도의 풍성한 자비를 나타내며, 하늘에 있는 통치자와 권세들에게까지 하나님의 지혜를 나타내 보이는 것이었다. 이 모든 것은 하나님의 예정과 계획하심 가운데서 권능으로 이뤄진 경륜이다.

무엇보다 바울의 사명과 바울에게 주어진 그리스도의 비밀, 곧 복음은 서로 뗄 수 없는 것이다. 바울은 교회를 핍박한 지극히 작은 자였기에, 역설적으로 그리스도의 풍성함을 나타내기에 가장 적합한 인물이었고, 하나님께서 이방인들을 향해 베푸신 은혜가 얼마나 큰지 바울의 연약함과 자격 없음을 통해 강하게 드러내셨다. 그 은혜의 복음과 비밀의 핵심에는 그리스도의 십자가가 있었다. 십자가는 세상이 알 수 없는 하나님의 지혜였다. 십자가는 수치스럽고 연약한 것이었지만, 거기에 하나님의 능력이 감춰져 있었다.

바울은 이 놀라운 비밀 아래서 자신의 이야기를 감싸고 있는 더 큰 하나님의 이야기를 발견한다. 그리고 자신의 투옥까지도 하나님의 큰 역사와 경륜 속에 있음을 깨닫게 된다. 투옥은 사람들에게 수치스러운 일이었지만, 하나님의 이야기 안에서 그것은 가장 큰 영광이었다. 이것은 그리스도의 십자가 안에서 하나님의 비밀이 드러나기 전까지는 깨달을 수 없던 것이다.

이제 바울에게 그 비밀이 알려진다. 그는 에베소 성도들 또한 그것을 깨달아 알기 원한다. 십자가의 비밀에 눈이 열린다면 지금 당장 앞에 놓여 있는 환난도, 고난도, 수치도 하나님의 큰 이야기 안에서 더 할 수 없는 영광임을 발견하게 될 것이기 때문이다.

많은 이들이 장로가 되려면 재력도 있어야 하고 기도도 많이 해야 한다거나, 또는 목사가 되려면 새벽 기도 정도는 평생 기본으로 해야 한다고 오해한다. 그렇지 않다. 선교사, 목사 등 주위에 일꾼이 되는 사람들을 보면 변변한 사람이 별로 없다. 왜 하나님은 그런 사람들을 뽑으셨을까? 이유는 딱 한 가지 밖에 없다. 선교도 교회도 전부 하나님이 하신다는 것을 드러내기 위해서이다.

하나님의 경륜 안에서 우리에게 맡겨 주신 많은 일들 또한 그렇다. 우리의 자격과 조건을 보고 주님이 맡기신 것이 아니다. 오히려 하나님께서 드러내시고자 하는 바는 그리스도 안에서 나타내신 그분의 능력과 영광이다. 하나님은 우리의 부족함에도 그분이 하신다는 것을 우리를 통해 드러내길 원하신다. 어떤 상황 속에서도 낙심하지 않고 주님을 찬송할 수 있는 이유가 여기에 있다.

08 넘치도록 능히 하실 이

에베소서 3:14~21

✳

바울은 3장에서 자신이 당하고 있는 환난이 어떻게 에베소 성도들을 포함한 이방인 성도들의 영광이 되는지를 고백하고 있다. 바울의 고난은 어떤 의미에서는 지극히 개인적인 고난과 환란이었다. 바울은 왜 자신의 개인적인 고통을 굳이 편지에 기록했을까? 그는 오로지 하나님 말씀에 순종하여 복음을 전한 것밖에는 없는데 계속해서 힘든 일을 맞닥뜨리고 있었다. 자주 굶고 자주 쫓김을 당했다. 심지어 편지를 쓰는 당시에는 감옥에 갇혀 있었다. 얼마나 혼란스러웠을까?

그런데 바울이 지금껏 당한 환란의 비밀에 대해 깨닫게 된다. 하나님께서 우주적인 경영 속에서 바울이 당하는 고난과 환란의 의미를 계시를 통해 보여 주신 것이다.

우리도 삶의 자리에서 이와 비슷한 일을 겪지 않는가? 처음에는 지극히 단순하게 자신의 개인적인 차원에서 환란의 의미를 이해하다가, 어느 날 하나님께서 계시의 비밀을 열어 주시듯 우리에게 깨달음을 주신다. 우리가 당하는 개인적인 환란이 하나님의 큰 우주적 계획 속에 어떤 의미인지를 보여 주시는 것이다.

바울이 바로 그것을 깨닫는다. 바울은 이방인들에게 복음이 전파되도록 하기 위해서 하나님께서 끊임없이 자신을 환란과 곤고의 길로 내모셨다는 사실을 깨닫게 되었다. 그는 자신에게 닥친 환란이 개인적인 차원을 넘어서 이방인과 교회를 향한 하나님의 영광이 드러나게 하는 도구라는 사실을 확신한다.

이제 3장을 마무리하면서 바울은 1장(16~19절)에 이어 다시금 하나님 앞에 무릎을 꿇는다. 에베소 성도들을 향한 바울의 두 번째 기도에서 우리는 정말 교회와 성도가 간구해야 할 것이 무엇인지를 발견한다.

> 14이러므로 내가 하늘과 땅에 있는 각 족속에게 15이름을 주신 아버
> 지 앞에 무릎을 꿇고 비노니 (엡 3:14~15)

이 단락을 시작하는 '이러므로'는 3장의 전반부와 연결된다. 그것은 바울의 사명, 환난을 포함한 그의 부르심은 이방인들까

지도 그리스도와 함께하는 상속자로 약속에 참여하게 하시는 하나님의 놀라운 경륜과 관련되어 있다.

　이러므로 바울은 아버지 앞에 무릎을 꿇는다. 우리는 무릎을 꿇고 기도하는 모습에 익숙하지만, 사실 유대인들의 일반적인 기도 자세는 일어서는 것이다. 무릎을 꿇는 것은 기도 자체라기보다는 복종을 나타내는 행위이다.

　바울이 그 앞에 무릎을 꿇고 있는 하나님 아버지는 하늘과 땅에 있는 각 족속에게 이름을 주신 분으로 묘사된다. 구약 성경에서 '이름을 준다'라는 표현의 의미는 창조와 관련되어 있다(시 147:4, 사 40:26). 하나님은 만물을 창조하고 그 존재들에게 생명과 의미를 부여하는 아버지이시다. 창세기를 보면 아담은 각 생물에게 "이것은 곰, 저것은 사자, 요것은 고양이" 이런 식으로 이름을 지어 주었다. 그는 하나님의 대리자로서 그 역할을 한 것이다. 이름을 주는 것은 창조주의 권한이다.

　'족속'이라는 표현은 '아버지'에서 파생된 단어로서 후손, 가족, 족속 등을 가리킬 수 있다. 가족이나 집단을 구분하는 것은 결국 그 조상이나 우두머리가 누구냐에 따른 것이다. 그러므로 바울은 '하늘과 땅'에 있는 모든 무리와 족속들의 진정한 아버지가 하나님이심을 여기에 암시하고 있다. 하나님은 하늘과 땅의 모든 것을 만든 분이시며, 그것들을 의미 있게 하는 분이시다. 세상의 모든 것은 하나님 아버지를 힘입어 살며, 움직이며, 존재한다(행 17:24~28). 그러므로 모든 족속은 그 아버지인 하나님께 돌아와야만 한다. 그분께만 무릎을 꿇어야 한다.

누구를 향하여 무릎을 꿇고 기도하느냐는 신앙의 기초이자 본질이다. 요즘 사주와 점을 봐 주는 업체나 유튜버에게 사람들이 무지하게 몰리고 있다고 한다. 타로 카드로 점을 치는 것이 젊은이들 사이에 문화나 놀이라는 이름으로 자리 잡은 지 오래다. 이 모든 현상은 미래에 대한 불안에서 기인한다. 이는 내 미래를 누구에게 맡기느냐의 문제이며, 매우 영적인 문제다.

우리는 미래를 누구에게 맡겨야 하는가? 누가 내 미래를 주관할 뿐만 아니라, 온 세상과 모든 피조물을 다스린다고 생각하는가? 점치는 행위는 우상숭배다. 내 미래를 미신에게 작든 크든 내어 주는 일이기 때문이다.

'무릎을 꿇고 기도하노니'라는 말은 미래의 문제에 대해서도 하나님 앞에 전적으로 내 운명과 시간을 맡긴다는 뜻이다. 이쪽으로 가면 성공을 할까? 저쪽으로 가면 실패를 할까? 이와 같은 질문은 우리에게 큰 의미가 없다. 하나님이 동행하시면 우리 존재가 복의 통로이기 때문에 벌판에서도 요셉처럼 통로가 되고, 사막에 던져져도 우리 자체가 복이기 때문에 복덩이가 되는 것이다.

바울은 하나님 아버지께 무릎을 꿇었다. 그 아버지는 모든 만물의 아버지시다. 만물이 그분을 통해서만 존재하며, 그분에게서만 의미를 갖는다. 우리가 섬기는 하나님은 많은 신들 중에 하나가 아니다. 우리는 만물의 창조자요 주권자이신 하나님을 믿는다.

> 16그의 영광의 풍성함을 따라 그의 성령으로 말미암아 너희 속사람을 능력으로 강건하게 하시오며 17믿음으로 말미암아 그리스도께서 너희 마음에 계시게 하시옵고 너희가 사랑 가운데서 뿌리가 박히고 터가 굳어져서 (엡 3:16~17)

바울의 기도 제목은 크게 세 가지로 구분된다. 첫 번째 기도 제목은 16~17절에 해당한다. 한마디로 말하자면 '강하게 하옵소서'이다. 이것은 외적인 강함이 아니라 '속사람'의 강함이다. 바울은 때로는 '겉사람'과 '속사람'을 구분한다(고후 4:16). 겉사람이 물리적인 몸을 가리킨다면, 속사람은 내면의 마음과 관계되어 있다. 우리의 존재를 형성할 뿐만 아니라, 삶의 방향을 결정하는 것은 속사람이다.

오늘날처럼 사람들이 건강에 많은 관심을 둔 적도 없을 것이다. 하나님께서 주신 몸을 건강하게 잘 다스려 나가는 것은 매우 중요한 일이다. 여기서 묻고자 하는 것은 우리가 육체의 건강을 생각하는 만큼이나 우리의 내면에 대해 관심을 갖고 있느냐 하는 것이다. 물론 어떤 사람들은 명상하고 휴식도 하면서 마음 건강을 챙긴다고 말할 것이다. 그러나 진정한 내면의 강건함은 그러한 수단으로 얻어질 수 없다는 것을 우리는 바울의 기도를 통해 알 수 있다.

속사람의 강함은 어디서 오는가? '그의 성령으로 말미암아', 즉 하나님은 성령을 통해 우리의 속사람에게 힘을 주시고 강하게 하신다. 성령님은 창조의 영이시며(창 1:2), 죽음 속에 생명을 불어넣는 부활의 영이시다(겔 37:9~10). 하나님은 이 성령의 능력으로 그리스도를 죽은 자 가운데서 일으키셨다(1:20).

우리가 믿는 하나님은 세상을 창조한 후에 뒷짐 지고 계시는 분이 아니다. 그분은 세상에 생명력을 공급하시고, 무엇보다 성령의 능력으로 속사람을 강건하게 하시는 분이다. 마른 뼈에 생기가 들어가서 큰 군대가 되었던 것처럼, 하나님은 성령으로 죄와 허물에 빠져 죽어 있던 우리에게 생명을 주시고 다시 일으키시는 분이다.

우리는 하나님의 능력을 과소평가할 때가 많다. 기도해도 안될 거라 생각한다. 가망이 없다고 말한다. 그러나 우리는 하나님을 온 만물의 주권자로 믿을 뿐만 아니라, 성령의 능력으로 역사하시는 분임을 믿어야 한다. 우리의 능력은 눈에 보이는 것에서 나오지 않고, 보이지 않는 하나님과 그의 성령에서 나온다.

바울은 성령으로 속사람을 강건하게 하여 주시라는 기도를, 17절에서 '믿음으로 말미암아 그리스도께서 너희 마음에 계시게 하시옵고'라는 표현으로 구체화한다. 믿음은 그리스도와 우리를 연결하며, 그리스도께서 주시는 생명에 참여하게 한다. 속사람의 강함은 그리스도께서 우리 안에 거하시는 것과 깊이 관련되어 있다. 믿음으로 그리스도와 연합된 존재인 우리는 그분과 함께 죽었고, 또한 함께 살리심을 받았다(2:5). 우리의 생명은 그리스도께 온전히 속해 있다.

우리의 속사람을 강하게 할 수 있는 분은 하나님이시다. 성령님과 그리스도, 곧 삼위 하나님께서 우리에게 새로운 생명을 주시고 우리에게 힘을 주신다. 우리의 생명은 하나님께만 달려 있다. 하나님은 영광의 풍성함으로 우리에게 기꺼이 그 생명을 주실 수 있는 능력 있고 풍성한 아버지이시다. 하나님께만 만물의 생명이 있고, 구원이 있다.

18능히 모든 성도와 함께 지식에 넘치는 그리스도의 사랑을 알고 19그 너비와 길이와 높이와 깊이가 어떠함을 깨달아 하나님의 모든 충만하신 것으로 너희에게 충만하게 하시기를 구하노라 (엡 3:18~19)

두 번째 간구는 17절 후반부터 19절 전반까지 이어진다. 한마디로 줄이자면 '그리스도의 사랑을 알게 하옵소서'이다. 17절 후반부에서 바울은 먼저 "너희가 사랑 가운데서 뿌리가 박히고 터가 굳어지길" 간구했다. 견고하게 뿌리내린 나무의 이미지와,

군건한 건물의 이미지로 성도들의 모습을 묘사하는 바울은 그 기초를 '사랑'에 두었다.

바울은 구원의 기초를 항상 하나님의 사랑에서 찾았다. 하나님은 '사랑 안에서' 우리를 택하셨고(1:4), 그 큰 사랑 때문에 우리를 다시 살리셨다(2:4). 사랑은 하나님을 움직이게 하는 동기다. 그분 자체가 사랑이시기 때문이다. 그러므로 구원받은 성도가 뿌리내려야 할 곳은 바로 하나님의 사랑이다.

바울은 이제 에베소 성도들이 모든 성도와 함께 지식에 넘치는 그리스도의 사랑을 알기를 간구한다. 이미 사랑 가운데 뿌리가 박혀 있는데, 또 사랑을 알아야 할까? 19절 전반부에 말씀하는 것처럼, 그 너비와 길이와 높이와 깊이에 대해서 깨닫기를 간구하는 이유는 무엇일까? 그것은 우리를 향하신 그리스도의 사랑이 측량될 수 없기 때문이다.

그 누구도 그리스도의 사랑을 다 알고 깨달았다고 말할 수 없다. 그 사랑의 너비와 길이와 높이와 깊이는 사실상 헤아릴 수 없다. 그렇기 때문에 그 사랑은 지식을 뛰어넘는다. 오직 하나님의 계시를 통해서만 알 수 있으며, 성령을 통해서만 깨달을 수 있다. 우리를 향한 그리스도의 사랑은 믿음으로 알게 되는 영역이다.

또한 사랑은 경험으로 깨닫게 되는 영역이다. 사랑을 말로 설명하고 헤아릴 수 있는가? 하나님께서도 우리가 아직 죄인 되었을 때, 독생하신 아들을 내어 주심으로 우리를 향한 사랑을 확증

하셨다(롬 5:8). 이때 '모든 성도와 함께'라는 바울의 표현은 의미심장하다. 사랑은 홀로 말씀 연구 많이 해서 깨닫는 것이 아니다. 모든 성도와 함께 알아가는 것이다. 보이지 않는 그리스도의 사랑은 그리스도의 몸인 교회 안에서 경험하게 된다.

교회에 모인 사람들이 완벽한 것은 아니다. 고슴도치처럼 가까이 갈수록 서로를 찌르게 되는 문제가 많은 이들이 모여 있다. 그렇기 때문에 교회 안에서 서로 배려하는 법을 훈련하고, 절제를 배우고, 하고 싶은 말을 참는 걸 배우게 된다. 어떤 형제가 곤고한 환경에 처해 있으면 내가 가진 것을 나눠야겠다는 마음이 생기고, 나눔을 통해서 형제가 회복이 되면, 또다시 그 형제가 자신이 받은 은혜를 잊지 못하고 자신과 비슷한 처지에 있는 형제들을 섬긴다. 어떤 TV 프로그램처럼 산에서 혼자 살아가는 자연인은 이런 것을 연습할 수 있을까? 그럴 수 없다. 교회는 완전한 곳이 아니다. 상처도 받고 문제도 많다. 우리는 바로 그곳에서 넘치는 그리스도의 사랑을 훈련하고 연습하고 있다.

이는 자연스레 세 번째 간구로 연결된다. "하나님의 모든 충만하신 것으로 너희에게 충만하게 하시기를 구하노라" 바울의 마지막 간구는 '충만'이다. 개역개정은 하나님의 충만으로 우리를 충만하게 하신다는 의미로 번역했다. 그러나 하나님의 충만에 '까지' 우리를 충만하게 한다는 의미로 이해할 수도 있다. 하나님의 모든 충만에 이르는 것이 우리를 구원하신 '목적'이자 '목표'

라는 것이다.

그렇다면 하나님을 가득 채우고 있는 것은 무엇인가? 우리가 앞서 살펴본 것처럼 이 문맥에서는 그리스도에게서 나타난 하나님의 사랑이다. 그것은 측량할 수 없는 사랑이다. 하나님은 우리를 그 측량할 수 없는 사랑의 자리까지 이끄신다. 세상을 향한 하나님의 경륜은 삼위 하나님 안에 있는 그 사랑을 모든 만물에게까지 확장하고, 충만에 이르게 한다.

앞서 바울은 1장에서 이렇게 찬송했다. "교회는 그의 몸이니 만물 안에서 만물을 충만하게 하시는 이의 충만함이니라" 하나님은 그리스도를 통해 세상을 통치하시고, 그 다스림이 세상에 충만하게 하신다. 그 다스림의 본질은 다름 아닌 그리스도의 사랑이다. 측량할 수 없는 사랑으로 하나님은 세상을 정복하고 다스리신다. 무엇보다 교회 안에 그 사랑을 부으시고, 그 사랑 안에 뿌리가 박히게 하시고, 그 사랑을 깨닫게 하실 뿐만 아니라, 이제는 그 사랑으로 충만하게 채워 가신다. 그리하여 세상을 향해 그 사랑이 흘러넘치게 하신다.

20우리 가운데서 역사하시는 능력대로 우리가 구하거나 생각하는 모든 것에 더 넘치도록 능히 하실 이에게 21교회 안에서와 그리스도 예수 안에서 영광이 대대로 영원무궁하기를 원하노라 아멘 (엡 3:20~21)

이 바울의 기도는 가능성이 있는 기도인가? 교회 안에 그리스도의 사랑이 부어져서, 삼위 하나님의 충만한 사랑에까지 이를 수 있겠는가? 다들 교회에 사랑이 없다고 비아냥거리는데, 과연 이것이 가당키나 한 기도인가? 우리는 이미 숱한 실패를 경험하고, 수많은 상처를 교회에서 받으며 교회를 포기하지 않았는가?

그러나 바울은 확신한다. 하나님은 능력의 하나님이시다. 그 능력으로 여전히 우리 가운데서 일하고 계신 하나님이시다. 하나님은 죽은 자를 살리시고, 불가능을 가능하게 하신다. 성도의 성숙과 교회의 성장은 우리의 능력에 달려 있지 않고, 우리를 사랑하시는 하나님의 능력에 있다. 그러므로 비록 우리의 모습은 연약할지라도 우리 안에서 일하시는 하나님을 신뢰해야 한다. 그분은 우리의 간구와 생각보다도 더 넘치도록, 우리의 헤아림을 넘어서 일하시는 분이다.

왜 교회에 소망이 있는가? 그 능력의 하나님께서 교회를 통해 일하시고, 그리스도 안에 있는 교회 안에서 영광받기로 작정하셨기 때문이다. 그래서 교회의 머리로 그리스도를 주셨다. 교회의 능력은 우리 스스로에게 있지 않다. 그리스도와 만물을 창조하시고, 다스리시는 능력의 아버지께 있다. 심지어 그분이 우리를 사랑하고 계신다. 그것이 때때로 우리가 부족함과 연약함 속에 넘어지더라도 다시금 일어설 수 있는 유일한 근거다.

하나님의 행동 원칙 기초는 사랑이다. 우리의 구원이 거기서 시작이 되었다. 그리스도와 하나님의 다스림 가운데 있는 교회는 그 사랑 가운데서 충만해진다. 비록 우리는 부족하지만, 그리스도는 사랑의 능력으로 그 부족한 사람들 가운데서 넘치도록 일하신다. 거기에 교회의 소망이 있다.

PART 3

올바른

신앙생활

09 새로운 라이프 스타일

에베소서 4:1~12

＊

지금까지 살펴본 에베소서 말씀은 크게 두 주제로 이야기할 수 있다. 우리가 어떻게 하나님의 새로운 백성이 되었는가? 그리고 하나님은 그 백성들 가운데 어떤 일을 이루어 가고 계신가? 물론 하나님께서 그리스도 안에서 하시는 일은 신비의 영역에 속해 있다. 우리 손에 쉽게 잡히지 않는 것이 사실이다.

바울은 그리스도께서 하신 일이 실질적으로 우리에게 어떤 변화를 끼치는지, 어떻게 우리의 삶에서 경험될 수 있는지를 본격적으로 말하고자 한다. 그것은 무엇보다 교회 공동체 안에서 삶이 변화되는 경험으로 드러나야 한다. 많은 신자의 염려와는 달리 그러한 변화는 지금도 가능하다. 앞서 바울이 기도한 것처

럼 하나님께서는 우리가 생각하거나 간구하는 것을 뛰어넘어 일
하시는 분이기 때문이다.

> 그러므로 주 안에서 갇힌 내가 너희를 권하노니 너희가 부르심을
> 받은 일에 합당하게 행하여 (엡 4:1)

'그러므로'는 가깝게는 앞선 바울의 기도에, 멀게는 1~3장에
걸쳐 제시되었던 그리스도 안에서 이루어진 놀라운 구원의 역사
에 연결된다. 바울은 3장에 이어 자신을 다시 한 번 '죄수'로 소개
한다. 그의 갇힘과 고난이 영광이라는 사실이 언급되었기에, 갇
힌 자라는 부정적인 이미지는 여기서 오히려 권위를 갖는다.

에베소 성도들을 향한 바울의 권면은 부르심에 합당하게 행
하라(걸으라)는 것으로 압축된다. 바울이 즐겨 사용하는 '행하다',
'걷다'라는 말은 라이프 스타일을 의미하는 표현이다. 그리스도
밖에 있을 때 성도들은 '죄와 허물' 가운데서 걸어왔다(2:2). 그러
나 하나님은 이들이 그리스도 안에서 선한 일 가운데 걸어가도
록 부르셨다(2:10). 바울은 성도들이 이제 삶의 기준을 그 '부르심'
에 두기를 소원한다. 그 부르심에 합당하게, 곧 그 가치에 걸맞은
태도와 방식으로 살아가기를 권하는 것이다.

> 2모든 겸손과 온유로 하고 오래 참음으로 사랑 가운데서 서로 용납

하고 3평안의 매는 줄로 성령이 하나 되게 하신 것을 힘써 지키라

(엡 4:2~3)

그 부르심에 걸맞은 삶의 방식은 무엇인가? 바울은 두 가지를 이야기한다. 첫째, 서로 용납하는 것이다. 둘째, 그렇게 해서 하나 됨을 힘써 지키는 것이다. 시시하게 느껴지지 않는가? 우리는 부르심과 사명을 생각하면 거창한 것들을 떠올리기 마련이다. 부르심에 합당한 삶을 대단한 프로젝트나 위대한 업적으로 생각하기 쉽다. 혹은 대단한 도덕적 숭고함을 떠올리기도 한다. 그러나 부르심에 합당한 삶은 거창하지 않다. 그저 서로를 받아들이면서, 교회의 하나 됨을 힘써 유지하는 것이다.

하나 됨을 이루는 일은 결코 쉽지 않다. 전략으로 될 수 있는 일이 아니다. 인격과 성품의 변화를 통해서만 가능하다. 모든 성도가 겸손과 온유, 그리고 오래 참음으로 옷 입을 때라야 서로 용납하는 일이 가능해진다. 이것은 그리스도의 성품이며 하나님의 성품이다. 애초에 하나 됨은 성령님께서 이루신 것이다. 하나님의 능력을 힘입지 않고는 우리에게 그것을 유지할 수 있는 힘이 없다.

4몸이 하나요 성령도 한 분이시니 이와 같이 너희가 부르심의 한 소망 안에서 부르심을 받았느니라 5주도 한 분이시요 믿음도 하나

요 세례도 하나요 6하나님도 한 분이시니 곧 만유의 아버지시라 만
유 위에 계시고 만유를 통일하시고 만유 가운데 계시도다 (엡 4:4~6)

4~6절은 서로 용납함으로 하나 됨을 유지하기 위해 힘쓰라는
바울의 권면에 당위성을 부여한다. 강조점은 '하나'다. 먼저 몸이
하나다. 갈라져 있던 민족과 종족, 여러 신분과 계층들은 모두 그
리스도 안에서 하나가 되고, 그리스도의 한 몸이 되었다(2:16). 그
렇게 하나가 된 이들은 한 성령 안에서 아버지 하나님께 나아갈
수 있었다(2:18). 성령도 한 분이시다.

원래 우리 같은 이방인들은 세상에서 소망이 없고 하나님도
없는 자들이었다(2:12). 그러나 그리스도께서 이루신 일, 곧 유대
인과 이방인이 한 몸 되게 하신 일로서 이제 모두가 하나의 소망
을 갖게 되었다. 그 하나의 소망 안에서 우리는 부르심을 받았다.
그러므로 부르심에 합당한 삶의 태도는 하나 됨을 힘써 추구하
는 것이라는 게 바울의 계속되는 설명이다.

당연히 세상의 주는 그리스도 예수 한 분이시다. 믿음도 하나
이며, 세례도 하나다. 하나님도 한 분뿐이시다. 그러므로 교회의
하나 됨은 삼위 하나님 각 위의 하나이심에서 나온다. 성령도 한
분, 주도 한 분, 하나님도 한 분이시기 때문에 교회 또한 하나 됨
을 추구해야 한다.

그 하나님은 모든 것들의 아버지이시다. 하나님은 모든 것 위

에 계신다(above all). 모든 것들을 통하여 계신다(through all). 또한 모든 것 안에 계신다(in all). 사실 이 표현만으로 바울이 정확히 무엇을 의미했는지 알기는 어렵다. 그래서 문맥을 고려해서 의미를 이해할 필요가 있다.

지금까지 바울은 '하나'라는 키워드를 잡아 놓고 자신의 논의를 전개해 나갔다. 왜 서로를 용납하면서 하나 됨을 추구해야 하는지를 논증했다. 이제 바울은 7절을 기점 삼아서 그 하나 됨의 의미를 보다 풍성히 설명하려는 것으로 보인다.

하나 됨이 무엇인가? 다 같은 것으로 통일하는 것이 하나 됨인가? 교회는 단 하나의 의견만 있어야 하는가? 그렇지 않다. 바울은 그 이야기를 시작하려는 것이다. 바울이 말하고자 하는 하나 됨은 다양성 속에서의 하나 됨이다. 다시 말해 조화로움이다.

하나님은 다양성 속에서 하나 됨을 이루시는 분이다. 모든 것들 위에서 다스리시고, 모든 것을 통하여 일하시고, 모든 것 안에 계셔서 그들에게 생명과 힘을 공급하신다. 세상의 다양한 것들, 다양한 사람들이 한 분 하나님의 다스림 안에서 조화로움을 가질 수 있다.

특히 교회가 그러하다. 그리스도는 우리에게 각양의 은사와 직분을 주셨다. 교회는 다양한 사람들이 모여 조화를 만들어 내는 곳이다. 모두가 하나의 음을 내는 것이 아니라, 다양한 음을 모아 하나의 아름다운 곡을 연주한다. 바울은 그 이야기를 하고 있다.

> 7우리 각 사람에게 그리스도의 선물의 분량대로 은혜를 주셨나니
> 8그러므로 이르기를 그가 위로 올라가실 때에 사로잡혔던 자들을
> 사로잡으시고 사람들에게 선물을 주셨다 하였도다 (엡 4:7~8)

그리스도는 주시고자 하는 분량만큼 우리에게 은혜 곧 선물들을 주셨다. 여기서 선물들은 특별히 직분자들을 가리킨다. 바울은 이 일의 의미를 시편을 사용하여 설명하고자 한다.

> 주께서 높은 곳으로 오르시며 사로잡은 자들을 취하시고 선물들을
> 사람들에게서 받으시며 반역자들로부터도 받으시니 여호와 하나
> 님이 그들과 함께 계시기 때문이로다 (시 68:18)

이 시는 여호와 하나님께서 이스라엘 백성들의 원수들을 물리치신 이야기를 담고 있다. 주님은 대적들을 전투에서 물리치시고 높은 곳에 오르신다. 또 사람들의 선물들과 전리품들을 취하신다. 높은 곳은 시온산을 가리키는데, 그곳은 시내산과 마찬가지로 하나님의 성소이다. 따라서 하나님께서 시온 성소에 오르시는 것은 전쟁에서 승리하시고 행차하시는 것을 보여 준다.

바울은 이 시를 승천하신 그리스도의 이야기 안에서 해석하

여 인용한다. 원래 시편에서 '주'는 하나님을 가리키지만, 바울에게서는 그리스도로 이해된다. 무엇보다 시편에서 주님은 사람들에게서 선물을 받으시는 분이었지만, 바울에게 다시 해석된 시에서는 사람들에게 선물을 주시는 분으로 묘사된다. 승리하여 얻은 전리품을 다시 그의 백성들에게 나눠 주는 장수처럼 말이다. (우리는 지금 바울이 그리스도께서 교회에 주시는 선물을 이야기를 하는 맥락 안에서 이 시를 어느 정도 변형하여 인용하고 있음을 이해할 필요가 있다. 이러한 방식은 1세기 유대인들의 성경 인용에서 자연스러운 것이었다.)

> 9올라가셨다 하였은즉 땅 아래 낮은 곳으로 내리셨던 것이 아니면
> 무엇이냐 10내리셨던 그가 곧 모든 하늘 위에 오르신 자니 이는 만
> 물을 충만하게 하려 하심이라 (엡 4:9-10)

바울은 이를 조금 더 풀어 설명한다. 주님께서 높은 곳으로 올라가셨다는 것은 땅 아래 낮은 곳으로 내려오셨음을 전제로 한다. 낮은 곳으로 내려오셨던 주님은 가장 높은 하늘로 승천하셨다. 바울은 그리스도의 성육신과 죽음 그리고 부활 승천에 대해 말하고 있는 것이다. 이 모든 것이 만물을 충만케 하시는 하나님의 뜻이었다.

이는 다시 1장을 상기시킨다. 하나님은 하늘에 있는 것이나 땅에 있는 것이나 그리스도 안에서 통일되게 하셨다(1:10). 그

리스도는 만물 위의 머리로서 만물을 충만하게 하시는 분이다 (1:23). 놀랍게도 교회는 그분의 몸으로서 만물에 그 충만함을 드러내고 선포한다. 그래서 그리스도는 교회에 선물로서 직분을 주시는 것이다. 그 선물에는 만물을 충만하게 하시기 위한 선교적 목적이 있다.

> 11그가 어떤 사람은 사도로, 어떤 사람은 선지자로, 어떤 사람은 복음 전하는 자로, 어떤 사람은 목사와 교사로 삼으셨으니 12이는 성도를 온전하게 하여 봉사의 일을 하게 하며 그리스도의 몸을 세우려 하심이라 (엡 4:11~12)

그리스도께서는 교회를 위해 각각의 사람들을 사도, 선지자, 복음 전하는 자, 목사와 교사로 삼으셨다. 이것이 에베소서에서 말하는 그리스도께서 각 사람에게 주신 선물이다. 우리는 바울이 서신마다 다른 은사 목록을 제시하고 있다는 것을 주의 깊게 보아야 한다(롬 12:6~8, 고전 12:28). 이 목록은 각 교회가 처한 상황과 깊이 관련되어 있다. 예를 들어, 고린도 교회의 경우 방언과 통역의 은사와 직분을 언급하고 있지만, 이는 다른 서신에서는 찾아볼 수 없는 내용이다.

에베소서에서 제시되는 목록은 모두 '말씀' 사역과 관련되어 있음을 주목할 필요가 있다. 당연히 그리스도께서 교회에 주신 선물들은 거기에만 국한되지 않는다. 따라서 바울이 에베소에 특별히 강조하고 싶은 면이 있었기에 이러한 은사들을 말하고 있을 것이라고 추측할 수 있다. 물론 정확한 상황을 알긴 어렵지만, 어쩌면 에베소 장로들을 향한 바울의 마지막 인사에 힌트가 있을지도 모른다(행 20:29~32).

무엇보다 바울은 이러한 말씀의 일꾼들을 통하여 성도들이 준비된다는 사실을 지적한다. 여기서 '온전하게 하다'로 번역된 단어는 '훈련시키고 교육한다'는 의미로 이해할 수 있다. 이 훈련과 교육의 목적은 섬김에 있다. 즉 섬김을 통해 그리스도의 몸인 교회가 세워져 나가도록 성도들은 훈련되고 준비되어야 한다. 이는 다시금 바울이 처음 꺼내 든 주제를 생각하게 한다. 곧 부르심에 걸맞은 삶의 방식이다. 그것은 오래 참음으로 교회의 하나 됨을 힘써 지키는 것이다.

지금도 그리스도께서는 교회를 위해 선물들을 주시며 그 일을 이루어 나가고 계신다. 말씀으로 교회를 다스리시며, 성령께서 이루신 하나 됨을 위해 서로 섬기게 하신다. 교회는 단지 사람들이 열심을 다한다고 세워지지 않는다. 오히려 그럴 때 교회가 어긋나고 마는 것을 우리는 종종 목격한다.

교회는 그리스도의 말씀을 즐거이 듣고, 그 말씀에 기꺼이 순종하는 사람들을 통해 세워져 나간다. 겸손하고 온유한 심령으로 하나님의 말씀을 사모하는 사람들이 교회를 하나 되게 만든다. 평화를 사랑하여 기꺼이 그 일을 위해 자신을 종처럼 내어 주며 섬기는 사람들을 통해 그리스도의 몸은 든든히 서 간다.

그리고 그 일은 궁극적으로 만물을 충만하게 하시기 위한 일, 곧 그리스도 안에서 만유를 통일하시는 일을 향한다. 성도가 준비되고, 교회가 성숙해지는 것은 우리끼리의 즐거움과 행복을 위한 일이 아니다. 세상을 향한 하나님의 충만을 위해 그리스도께서는 오늘도 교회를 능력으로 붙드신다.

10 옛 사람과 새 사람

에베소서 4:17~24

＊

　예수 그리스도는 교회에 말씀 사역자들을 보내서서 말씀을 통해 그리스도의 몸인 교회가 자라나고 세워지도록 하셨다. 우리가 그 진리를 제대로 듣고 배우고 있다면, 그것은 자연스레 삶을 통해 드러난다. 복음의 진리는 새로운 라이프 스타일을 반드시 이끌어 낸다.

　바울은 그리스도 안에서 새로운 라이프 스타일이 무엇인지 차근차근 설명해 나간다. 특히 그는 새로운 것을 소개하기에 앞서, 이전 것을 청산해야 함을 강조한다. 그리스도인이 되었다는 증거는 무엇인가? 이전 삶의 방식을 버리는 것이다.

　이스라엘 백성들은 애굽에서 약 400년을 살았다. 생각해 보

자. 한 민족이 완전히 다른 땅에 들어가서 400년 가까이 살면 어떻게 되겠는가? 문화, 관습, 의식 구조 등 모든 게 바뀔 수밖에 없다. 애굽의 DNA가 철저하게 이식되어 그 문명과 질서와 원리에 익숙해질 것이다. 우리나라도 비슷하게 일제 치하에서 36년 가까이 지냈다. 400년에 비하면 10분의 1도 안 되는 시간이지만 그 때의 잔재가 오늘까지 남아 있지 않은가? 그런 문화의 잔재는 쉽게 뿌리 뽑히지 않는다. 오랜 세월이 지나더라도 언어, 습관, 가치관 속에 남아 있다.

하나님을 알지 못하고 죄와 허물 가운데 죽어 있던 자리에서 그리스도의 새로운 생명의 자리로 옮겨진 우리 또한 마찬가지다. 신분은 완전히 새로워졌지만 아직 우리 가운데 옛 습성의 그림자가 드리워져 있다. 이것을 걷어 내는 것은 단박에 일어나는 일이 아니다. 이스라엘도 애굽을 빠져나온 후에, 40년이란 세월 동안 광야라는 진공 상태에서 애굽의 DNA를 철저히 뽑아내는 과정을 거쳐야 했다. 오로지 하나님만 바라보는 훈련을 하게 하신 것이다. 우리도 이 땅을 사는 동안 그러한 과정을 겪어 내야만 한다. 그것이 새로운 라이프 스타일의 시작이다.

17그러므로 내가 이것을 말하며 주 안에서 증언하노니 이제부터 너희는 이방인이 그 마음의 허망한 것으로 행함 같이 행하지 말라 18 그들의 총명이 어두워지고 그들 가운데 있는 무지함과 그들의 마

음이 굳어짐으로 말미암아 하나님의 생명에서 떠나 있도다 19그들
이 감각 없는 자가 되어 자신을 방탕에 방임하여 모든 더러운 것을
욕심으로 행하되 (엡 4:17~19)

옛 사람의 삶은 '이방인의 방식'으로 묘사된다. 물론 에베소
성도들도 육신적, 혈통적으로는 이방인이다. 다만 영적으로는
그렇지 않다. 그들은 그리스도 안에서 하나님의 백성이며 성도
이다. 하나님을 알지 못하는 이방인들과 같은 방식으로 살아갈
수 없다.

이방인들의 마음, 곧 생각의 특징은 허망하고 공허하다는 것
이다. 그 끝이 허무다. 하나님 없는 모든 삶은 겉으로 아무리 멋
져 보여도 끝이 허무할 수밖에 없다. 우리는 하나님 안에서만 의
미를 누리도록 창조되었기 때문이다. 세상 모든 만물에 이름과
의미를 부여한 분은 하나님 아버지뿐이시다(3:14~15). 하나님을
떠나 삶의 의미를 찾고자 하는 노력은 고상해 보일 수 있으나 성
공에 이를 수 없다.

그러므로 그 심중에 하나님이 없다는 것은 상당히 심각한 문
제다. 우리는 이것을 참 가볍게 생각한다. 돈이 없고, 집이 없고,
번듯한 직장이 없는 것을 심각하게 여기면서도 신앙이 없는 것은
나중에 고려해도 되는 문제로 생각한다. 자녀들의 교육에 있어서
도 그렇지 않은가? 우리는 부모가 아니라 학부모가 되어 있다. 오

로지 아이들의 성적과 공부에만 몰두한다. 신앙과 인격은 뒷전이 된지 오래이다. 그러나 하나님은 우리를 학부모가 아니라 부모로 부르셨다. 부모는 자녀에게 하나님을 보여 주는 통로다. 그것이 부모로서 가장 중요한 사명이다. 하나님의 생명에서 떠나 있는 삶은 말 그대로 죽은 삶이기 때문이다. 우리 또한 다 죄와 허물 가운데 죽어 있었다(2:1). 그 결과는 무엇이었나? 스스로 지혜 있다고 하지만 하나님을 알지 못한다. 이는 단지 무지의 문제가 아니라, 사실상 의도적인 거부다. 하나님을 싫어하는 것이다.

> 또한 그들이 마음에 하나님 두기를 싫어하매 하나님께서 그들을
> 그 상실한 마음대로 내버려 두사 합당하지 못한 일을 하게 하셨으
> 니 (롬 1:28)

"소도 그 임자를 알고 나귀는 그 주인의 구유를 알기에"(사 1:3), 하나님에 대한 무지는 타락한 인간의 의도적인 거부에 지나지 않는다(롬 1:20). 이는 마음의 완고함으로 인한 결과이다. 그런 사람은 결국 자신을 끝없는 방탕에 내어 주고, 모든 더러운 것을 거침없이 탐심을 쫓아 행하고 만다.

방탕이란 마치 아무런 제한도 없는 것처럼 살아가는 것이다. 바울은 여기서 모든 성적인 타락과 부패를 염두에 두고 있는 것으로 보인다. 하나님 없는 삶의 가장 큰 특징 중 하나는 성적인

타락이며 쾌락의 추구다.

특히 순서를 잘 이해할 필요가 있다. 방탕하고 부도덕한 삶은 하나님 알지 못한 결과라는 것이다. 하나님을 인정하지 않는 것에서 마음과 지성이 굳어지고 허망해져서 온갖 부패가 발생한다. 이것이 이방인의 삶, 즉 하나님을 알지 못하는 삶이다. 그것은 방탕에 자신을 방임하여 내맡기는 삶인데, 바울은 이미 2장에서 이것이 공중의 권세 잡은 마귀에게 휘둘리는 삶이라는 것을 지적했다.

정확히는 알 수 없지만 어쩌면 에베소에 이러한 방탕한 삶을 조장하는 거짓 가르침들이 유행하고 있었는지 모른다. 간사한 유혹이 가르침으로 둔갑하여 성도들을 흔들어 놓았을 수 있다 (4:14). 그러나 바울은 열매로 그 나무를 안다고 분명히 말하고 있다. 예수 안에 있는 진리는 썩은 열매를 내지 않는다. 진리는 생명을 낳는다.

> 20오직 너희는 그리스도를 그같이 배우지 아니하였느니라 21진리
> 가 예수 안에 있는 것 같이 너희가 참으로 그에게서 듣고 또한 그
> 안에서 가르침을 받았을진대 (엡 4:20~21)

이 구절에서는 '너희는'이 강조되고 있다. '너희는'은 앞서 묘사한 '이방인들'과 대조된다. 이들은 그리스도에 대해 배운 사람

들로서, 이방인들과 다른 방식의 삶을 배웠다. 그들은 예수 안에 있는 진리대로, 그에게서 듣고 예수 안에서 가르침을 받았다. '그에게서 듣고'는 직역하자면 '그를 듣다'이다. 실제로는 말씀 사역자들로부터 듣고 배웠겠지만, 여기서는 마치 예수님에게서 직접 들은 것처럼 묘사된다. 이유는 그리스도께서 교회에 선물로 말씀의 사역자들을 주셨기 때문이다(10~12절).

성도 누구나 설교를 듣고 하나님의 말씀을 들었다고 말하지 목사의 말을 들었다고 말하지 않는다. 그만큼 하나님이 주신 성경과 그 성경을 풀어 설명하는 말씀의 사역자들이 중요하다는 이야기이다. 그렇기에 우리가 공예배로 모일 때마다 설교자를 위해서도 기도해야 한다.

이것은 또한 인격적인 관계를 강조한다. 기독교 신앙은 단순히 어떤 깨달음이나 가르침을 습득하는 것이 아니라 예수님과 관계를 맺는 것이다. 그래서 바울은 '그 안에서' 가르침을 받았다고 표현한다. 예수 안에서, 예수님과의 연합을 통해 그분과 교제하고 진리를 배우며 성장한다. 이처럼 기독교가 말하는 배움과 앎은 관계적이며 경험적이다.

너희는 유혹의 욕심을 따라 썩어져 가는 구습을 따르는 옛 사람을
벗어 버리고 (엡 4:22)

한글 번역에는 잘 나타나지 않지만 22~24절은 그 배움의 내용이 무엇이었는지를 보여 준다. 너희가 제대로 배웠다면, 이렇게 하도록 배웠을 것이란 의미로 이해할 수 있다. 이는 20절의 '그같이 배우지 아니하였느니라'를 상기시킨다.

예수 안에 있는 진리는 우리에게 옷을 갈아입을 것을 가르친다. 옛 사람이라는 옷을 벗고, 새 사람을 입으라는 것이다. 옛 사람은 17~19절에 묘사된 이방인의 모습을 떠오르게 한다. 그것은 미혹되어 욕심을 따르는 삶이다. 바울에게 있어서 욕심(정욕)은 옛 사람을 규정하는 가장 핵심적인 단어다(롬 13:14, 갈 5:24, 골 3:5).

앞서 2장에서도 허물과 죄 가운데 죽어 있는 사람의 모습을 육체의 욕심을 따라 행동하는 삶으로 묘사하였다(2:3). 그것은 구습, '이전의 삶의 방식'이었다. 하나님을 알지 못하는 죽은 삶이었다. 진리의 복음은 그러한 삶을 청산할 것을 요구한다. 그것이 예수님의 가르침이다. 그리스도인은 결코 이전과 같은 방식으로 정욕에 이끌려 살 수 없다.

오늘날 교육학에서 많이 회자되는 용어 중 하나가 '언-런(un-learn)'이다. 배운 것을 고의적으로 잊어버리는 것이다. 왜 언-런이 필요한가? 시대가 달라졌기 때문이다. 이전과 같은 방식으로는 새로운 환경에 대처할 수 없다는 사실에서 나온 개념이다. 여기서 옛 사람을 벗어 버린다는 것을 언-런으로 이해할 수 있다. 예수 안에 새로운 시대가 열렸기에 이전의 삶의 방식은 더 이상 통용될 수 없다. 언-런은 자동으로 되는 것이 아니다. 의도적으로 지워야 한다. 마찬가지로 우리 또한 옛 사람의 생각과 정서들을 지워 나가야 한다.

> 23오직 너희의 심령이 새롭게 되어 24하나님을 따라 의와 진리의
> 거룩함으로 지으심을 받은 새 사람을 입으라 (엡 4:23~24)

이전 삶의 방식을 벗어 내고 지워 내는 이유는 새로운 것을 입기 위해서이다. '새 사람'을 입으라는 말은 우리 존재의 변화이면서, 그에 걸맞은 새로운 삶의 방식을 의미한다. 이전의 옛 사람이 욕심을 쫓는 삶이었다면, 이제는 하나님께서 예비하신 의와 거룩함을 추구하는 삶이다. 그것은 진리로부터 나온다. 다시 말해 진리는 예수 안에 있기에(21절), 이는 예수 안에서 나오는 의와 거룩이다. 오직 그리스도의 십자가의 희생적 사랑에서 나오는 의와 거룩이다. 자신의 정욕과 욕심을 채우던 삶과 완전한 반대를 이룬다.

23절의 '오직 너희의 심령이 새롭게 되어'는 새 사람을 입는 것의 연결 고리와 같다. 개역개정은 '심령'이라고 한 단어로 번역했지만, 원문에는 두 단어(영, 마음)로 되어 있다. 가장 적절한 번역은 '너희의 영, 곧 마음이 새롭게 되어'일 것이다. 특별히 여기서 '마음'으로 번역된 단어는 지성과 사고를 강조하는 단어다. '사

고방식'이라고도 번역할 수 있다.

로마서에서 바울은 '마음을 새롭게 함으로 변화를 받아'(롬 12:2), 하나님의 뜻을 분별할 것을 강조했다. 마찬가지로 바울은 옛 사람, 혹은 이방인은 그 마음이 허망하다(4:17)는 사실을 지적했다. 허망한 마음, 헛된 생각으로부터 방탕이 나온다. 그러므로 새로운 삶의 방식을 위해서는 사고방식, 마인드가 바뀌어야만 한다.

놀랍게도 이것은 사람이 이룰 수 있는 일이 아님을 바울은 강조하는 것으로 보인다. 새롭게 되는 일은 우리의 노력으로 되는 것이 아니다. 결심과 각오를 반복한다고 해서 되지 않는다. 이것은 오직 하나님이 하시는 일이다. 마음과 생각의 변화, 사고방식의 변화는 하나님으로부터 일어난다. 사람으로는 할 수 없으나 하나님은 하실 수 있다.

우리는 사실을 인정하고 받아들여야 한다. 기독교는 내 안에 어떤 가능성을 건드리고 개발하고 자극하고 동기를 부여해서 우리를 새롭게 만드는 것이 아니다. 복음이 선명하게 가르치는 것은 내 안에 아무 여지가 없다는 것이다. 역설적으로 거기에 희망이 있다. 하나님은 하실 수 있기 때문이다.

우리의 변화는 자신의 내적인 힘으로부터 나오지 않는다. 오직 진리이신 그리스도에게서 나온다. 우리가 그분에게서 듣고 배울 때, 주님은 우리 안에서 역사하신다. 우리의 생각을 새롭게 변화시키신다. 여기에 우리의 소망이 있다.

예수 안에 진리가 있기에 예수 안에서 살아야 한다. 그 진리는 성령으로 감동된 하나님의 말씀, 곧 운동력이 있고 좌우의 날선 검처럼 골수를 쪼개는 힘이 있는 말씀이다. 아무리 유명한 철학과 고상한 인문학 이야기를 듣더라도 그것이 우리의 생명을 새롭게 하지는 못한다. 오직 그리스도의 말씀만이 우리를 새롭게 만든다.

한 가지 잊지 말아야 할 것은 심령이 새롭게 되는 것은 지난한 과정을 포함하고 있다는 점이다. 사고방식은 하루아침에 바뀌지 않는다. 하나님은 사실상 평생에 걸쳐 우리를 변화시키고 다듬어 가신다. 우리의 변화에는 과정과 시간이 필요하다. 조급할 이유도 없고, 다 된 것처럼 자신만만해 할 이유도 없다. 기독교에는 어떤 종교처럼 '득도'했다는 개념이 있을 수 없다. 오히려 바울은 지금껏 한 일을 뒤로하고 푯대를 향해 달려간다고 했다 (빌 3:13~14). 그리스도 안에서는 날마다 새로운 오늘이 시작된다.

만약 새로운 삶의 모든 것이 우리에게 달려서, '노오력'으로 얻어야 하는 것이라면 포기하는 게 빠를 것이다. 우리는 자신의 실력을 누구보다 잘 알고 있다. 그러나 하나님께서 이루신다면 우리는 넘어져도 다시 일어설 수 있다. 하나님은 우리의 간구보다도 더 크게 역사하시는 능력의 하나님이시다. 그분이 우리의 생각을 바꾸시도록 우리 자신을 내어 드리자. 우리가 그분 안에서 날마다 새로워지기를 소망하며 기대하자. 주님이 하신다.

11 마귀의 발판이 되지 말라

에베소서 4:25~32

✳

    우리는 '옛 사람'을 벗고 '새 사람'을 입으라는 바울의 권면에 대해서 생각해 보았다. 이전의 옛 사람이 욕심을 쫓아 사는 삶이 었다면, 새 사람은 그리스도 안에서 새로워진 라이프 스타일로 하나님께서 예비하신 의와 거룩함을 추구하는 삶이다. 이 새로운 삶을 위해서는 반드시 '영과 마음'의 변화, 사고방식의 변화가 필요하다. 그것이 하나님께서 우리 평생에 걸쳐 하시는 일이다. 우리 스스로에게 변화의 소망이 있지 않고, 하나님의 능력에 소망이 있다.

    바울은 이제 보다 세부적인 각론에 들어가고자 한다. 새 사람의 모습은 과연 어떠한 것인가? 우리를 옭아매려 하는 과거의 어떤 모습들로부터 벗어나야 하는가?

그런즉 거짓을 버리고 각각 그 이웃과 더불어 참된 것을 말하라 이
는 우리가 서로 지체가 됨이라 (엡 4:25)

바울이 가장 먼저 주목하는 것은 '말'의 문제이다. "거짓을 버리고 진리를 말하라." 마음과 생각의 변화를 가장 빠르고 분명하게 드러내는 것은 다름 아닌 언어다. 거짓이 옛 사람의 스타일이라면, 참된 것 곧 진리는 새 사람의 스타일이다.

옛 사람의 속성과 습관이 여전히 우리 안에 남아 있다. 우리는 이런 이중적인 모습 속에서 혼란을 겪고 복음의 능력에 대해 의심하기도 한다. 하지만 우리는 신분이 바뀐 것이지 수준이 바뀐 것은 아니다. 그 차이를 생각해야 한다. 누군가가 "너는 왜 교회에 다니면서 욕을 하고 남의 흉을 보고 그러냐?"라고 말할 수 있다. 그런 내 모습을 보면서 스스로 자책하거나 실망할 수도 있다.

그러나 걱정하지 말자. 우리에게는 긴 시간이 필요하다. 올해 욕을 열 번 했다면 내년에는 여덟 번으로 줄이면 된다. 중요한 것은 하나님께서 이 일을 우리 속에서 시작하셨기에 반드시 완성하시고 마치실 것이다. 자기 수준에 소망을 두면 안 되고, 하나님의 전능하신 사랑과 자비와 능력에 소망을 두어야 한다.

참된 것을 말하라고 했을 때 그 참된 것이란 무엇일까? 어떤 사람들은 이렇게 말한다. "내가 틀린 말 했어? 팩트잖아." 그런데 팩트보다 더 상위 개념이 있다는 것을 놓쳐서는 안 된다. 여기서 말하는 참된 것은 진리를 의미한다. 인생은 진심이 아니라 진리 위에 두어야 한다.

진심은 아침과 저녁으로 바뀐다. 인간의 진심이 그렇다. 베드로도 예수님께 뭐라고 말했는가? "이 친구들이 다 주님을 버릴지라도 나는 주님을 버리지 않겠습니다." 그도 진심으로 이야기한 것이다. 예수님은 그런 인간의 연약함을 잘 아시고 닭이 울기 전에 그가 자신을 세 번 부인할 것이라 말씀하셨다.

우리는 이 진리가 무엇과 같이 엮여 있는지를 잘 보아야 한다. 진리는 공동체와 이웃과 같이 나누어진다. 아무도 없는 동굴에 앉아서 혼자 별별 언어를 다 쏟아 내 봐야 아무 의미가 없다. 언어는 상대방과 소통하라고 주신 하나님의 선물이고, 특히 여기서 참된 것을 말하라는 것은 교회를 세우라는 이야기이다. 말과 언어는 한순간에 공동체를 헐어 버릴 수 있다. 누군가가 말 한마디를 이상하게 하면 그것으로 인해 싸움이 일어나 걷잡을 수 없게 되기도 한다.

혀는 불씨 같아서 누가 불을 잘못 붙이면 걷잡을 수 없이 퍼진다. 그래서 보통 교회 분열의 첫 번째 적이 언어이다. 항상 마귀가 이런 것들로 장난을 한다. 참된 언어와 거짓 언어를 구분하는 방법은 그것이 공동체를 살리는지, 아니면 공동체를 파괴하는지에 달려 있다. 바울은 스가랴 8장을 여기에서 암시하고 있는 것으로 보인다.

> 16너희가 행할 일은 이러하니라 너희는 이웃과 더불어 진리를 말하며 너희 성문에서 진실하고 화평한 재판을 베풀고 17마음에 서로 해하기를 도모하지 말며 거짓 맹세를 좋아하지 말라 이 모든 일은 내가 미워하는 것이니라 여호와의 말이니라 (슥 8:16~17)

스가랴 8장은 회복된 하나님의 백성에 대한 약속을 다룬다. 예루살렘은 진리의 성읍이라 불리고, 시온산은 거룩한 산이라 일컬어질 것이다(슥 8:3). 이전에 그들은 저줏거리가 되었지만, 이제는 다시 복이 될 것이다(슥 8:13, 15). 하나님이 그들과 함께하실 것이며(슥 8:8), 열방이 그것을 보고 주님께 돌아오게 될 것이다(슥 8:20~23).

스가랴의 예언은 그리스도 안에서 새롭게 세워진 교회 공동체를 통해 성취되었다. 하나님은 그리스도 안에 있는 교회와 함께하시며, 이제 교회는 새로운 백성의 삶을 살아간다. 스가랴도 회복된 공동체의 첫 번째 표지를 진리를 말하는 것으로 설명한다.

특히 스가랴에는 이것이 보다 구체적인 지침으로 등장한다. 진리를 말하는 것은 공정한 재판과 연결되어 있으며, 소극적으로는 거짓 맹세하지 않는 것이다. 이는 "네 이웃에 대하여 거짓 증거하지 말라"는 9계명을 상기시킨다. 거짓 증언은 재판의 현장에서 등장하는데, 특히나 이웃을 해하고자 하는 악한 동기에서 비롯된다. 이것은 하나님께서 미워하시는 일이다. 마귀는 거짓의 아비다(요 8:44).

거짓은 이웃에게 손해와 피해를 끼친다. 그 거짓에 당한 사람은 어떤 심정으로 세상을 살아갈까? "두고 보자, 내가 언젠가 반드시 복수한다." 이러면 그 공동체의 지체들이 따뜻하게 하나가 되어 살아갈 수 있을까? 당연히 다 찢어지고 파괴되고 말 것이다. 바로 언어를 통해서다. 말은 그래서 굉장히 중요한 도구이다.

하나님은 이 도구를 가지고 진리의 이야기로 교회를 세워 가신다. 본문의 초점이 여기에 있다. 하나님께로부터 난 새 사람은 하나님의 진리, 특히나 그리스도 안에서의 진리로 빚어지는 존재다(4:21, 24). 진리는 사랑을 낳으며, 사랑 안에서 행동하게 한다(4:15). 거짓이 이웃을 해치는 동기에서 비롯된다면, 진리는 사랑을 그 동기로 한다. 사랑은 이웃에게 악을 행하지 않기에(롬 13:10), 거짓을 버리고 진리를 말하는 것은 이웃 사랑의 기초 중 기초다.

거짓을 버리고 진리를 말하라는 명령은 우리에게 다음과 같은 질문을 제기한다. "우리의 언어생활은 다른 사람을 어떤 식으로든 해치는 데 그 목적이 있는가? 아니면 우리는 한 몸 된 형제자매를 사랑하기 위해 입을 열고 있는가?" 이것은 29절의 권면과 다르지 않다.

> 무릇 더러운 말은 너희 입 밖에도 내지 말고 오직 덕을 세우는 데
> 소용되는 대로 선한 말을 하여 듣는 자들에게 은혜를 끼치게 하라
>
> (엡 4:29)

'더러운'이라는 단어는 '오래되어 썩어 못쓰게 되었다'는 의미를 갖는다. 이에 반대되는 것은 '선한 말'이며, 여기서는 단지 듣기 좋은 말이 아니라 공동체를 세우는 데 쓰이는 말을 의미한다. 이 구절에서도 등장하는 것처럼 개역개정은 '덕을 세운다'라고 의역한 곳이 많아서 원래의 뜻을 모호하게 만든다. 원어에는 '덕'이라는 말이 없다. 단지 '세운다'고 되어 있을 뿐이며, 에베소서의 문맥 안에서는 그리스도의 몸인 교회를 세우는 의미에서 사용된다(2:11, 4:12, 16). 다시 말해 한 몸인 교회를 세워 나가는 데, 서로를 권하여 그리스도 안에서 성장하도록 도움을 주는 데 필요한 말들을 하라는 것이다.

바울이 교회 안에서의 언어생활을 가장 앞에 두고 강조하고 있는 이유는 분명하다. 혀를 재갈 물리는 것만큼 어려운 일은 없으며, 혀를 절제할 수 있는 사람을 성숙한 사람이라 할 수 있다(약

3:2, 8~10). 교회 공동체를 해하는 가장 쉬운 길이 말에 있다. 새로운 사람은 언어에서부터 새롭게 되어야 한다. 팩트를 날리는 것이 늘 진리를 말하는 것은 아니다. 우리 옛 사람은 말로써 사람을 죽이는데 선수라는 것을 잊지 말라. 말하기에 앞서 동기를 점검하라. 공동체를 세우고, 낙심한 자를 일으키고 살리는 말이 새 사람이 해야 할 생명과 진리의 말이다.

26분을 내어도 죄를 짓지 말며 해가 지도록 분을 품지 말고 27마귀에게 틈을 주지 말라 (엡 4:26~27)

이어서 바울은 사람의 감정, 특별히 분에 대해서 이야기한다. ESV 영어 성경은 26절을 'Be angry(화를 내라!)'로 번역했다. 그러나 이 문맥을 전체적으로 고려할 때, 바울이 화를 낼 것을 명령한다고 보기는 어렵다. 바로 31절에서 '분냄'을 버리라고 말하고 있기 때문이다. 이 구절은 주로 '조건', 즉 ~하는 경우를 나타내는 것으로 이해하는 학자들이 많다. 분을 낼 상황이 되더라도 그 분노를 간직하고 있지 말라는 것이다. 특히 이 구절이 시편 4편 4절을 반영하고 있는 것이라면 그 의미는 더욱 분명해진다.

너희는 떨며 범죄하지 말지어다 자리에 누워 심중에 말하고 잠잠할지어다 (시 4:4)

70인역에서 "너희는 떨며 범죄하지 말지어다"에 해당하는 부분은 에베소서 4장 26절의 "분을 내어도 죄를 짓지 말며"와 정확히 일치한다. 시편의 맥락에서 시인은 거짓을 말하여 곤경에 빠뜨리려는 사람들로부터 공격을 받는다(시 4:2). 그것이 분명 시인을 동요하게 만들고, 분노하게 만들었다(시 4:4). 이때 시인은 이 분노를 어떻게 해결하는가?

> 내가 평안히 눕고 자기도 하리니 나를 안전히 살게 하시는 이는 오직 여호와이시니이다 (시 4:8)

시인은 자기 속에 분노를 격발시킬 수 있는 어떤 억울함에 직면해 있다. 그러나 그는 그것을 하나님께 맡겼고, 그 결과 그에게 평안과 안식이 밀려든다. 내가 직접 손대서 원수를 갚는 것이 확실할까? 아니면 그 원수 갚는 것을 하나님께 맡겨 놓는 것이 확실할까? 보통은 꼭 자신이 손을 보려고 그러지 않는가? 우리는 하나님께 맡겨야 한다. 비록 이것이 수동적인 것 같고 무기력하게 보일지라도 내가 그 상황, 그 사람을 처리하고 해결하려고 하지 않기를 바란다. 괴물을 잡으려다 내가 괴물이 되고 마는 경우가 많다.

분노는 인간의 자연스러운 감정적 반응 중 하나다. 화가 나는 것 자체가 문제는 아닐 수 있다. 그러나 그것을 어떻게 처리하느냐는 상당히 중요한 문제다. 바울은 분나는 일이 있더라도 그 분을 이내 삭일 것을 말하고 있다. 분노의 경계를 정하라는 것이다. 화나는 감정을 마음껏 분출하는 대신에 한계를 정하여 멈출 것을 말한다.

사람이 성내는 것이 하나님의 의를 이루지 못한다(약 1:20). 오히려 사람이 죄지을 기회가 되기 십상이다. 그것은 마귀에게 기회를 내어 주는 것이다. 여기서 '틈'이라고 번역된 단어는 '공간'을 가리킨다. 공간과 여지를 내어 준다는 말은 어떤 일을 할 수 있는 발판과 기회를 허락한다는 말이다. 마귀는 아주 빠르고 똑똑하다. 뻔한 싸움을 가지고 교회에 덤벼들지 않는다. 보통 우리가 의롭고 정의로운 주제에는 큰소리치고 싶은 욕구가 일어나지 않는가? 그런데 마귀는 우리가 이런 일로 소리를 높일 때 그 틈을 비집고 들어온다.

분노 자체가 악한 것은 아니다. 하나님도 진노하시며, 예수님도 불의에 분노하셨다. 그러나 인간의 분노만큼 마귀가 틈을 타서 죄를 짓도록 허용하기에 용이한 것도 없음을 기억해야 한다.

> 31너희는 모든 악독과 노함과 분냄과 떠드는 것과 비방하는 것을 모든 악의와 함께 버리고 32서로 친절하게 하며 불쌍히 여기며 서로 용서하기를 하나님이 그리스도 안에서 너희를 용서하심과 같이 하라 (엡 4:31~32)

분노는 상대를 해하여 복수하고자 하는 악독한 마음으로 이어지기 쉽다. 이것은 우선적으로 상대를 해하는 악한 말로 표출된다. '비방'은 사람을 향하기도 하지만, '신성모독'을 가리키기도 한다. 사람은 하나님의 형상으로 지음받은 존재이기에 사람을 향한 저주는 하나님을 향한 모독이기도 하다(약 3:9). 평소 우리가 경험하기에도 쉼 없는 분노는 끝내 하나님을 향한 모독과 원망으로 번지기 쉽다. 절제되지 않은 분노는 쉽게 마귀의 도구가 되고 만다.

그러면 어떻게 할 것인가? 분노할 일 많은 이 세상을 그리스도인으로서 어떻게 살아갈 것인가? 시편 4편을 생각할 때, 시인이 보여 주는 지혜는 하나님께 그것을 아뢰는 것이다. 하루가 가기 전에 분노를 해소시킬 수 있는 길은 하나님께 그 문제를 맡김에 있다. 하나님의 공의로운 심판을 기대하면서 그분께 피하고, 그분께 아뢰는 것이 분노를 조절할 수 있는 가장 지혜로운 방법이다.

결국 하나님 앞에 우리의 심정을 아뢸 때, 우리는 거기서 그리스도를 만나게 된다. 하나님께서 그리스도 안에서 우리를 어떻게 받아 주셨는지를 깨닫게 되며, 그것을 바탕으로 다른 사람에 대한 이해와 용납의 폭을 넓혀 나갈 수 있다. 그런 의미에서 지금처럼 분열되고 갈등과 분노가 넘쳐 나는 세상의 유일한 답은 그리스도 밖에 없다. 그 안에서만 서로를 향한 화해와 용서가 일어날 수 있다.

도둑질하는 자는 다시 도둑질하지 말고 돌이켜 가난한 자에게 구
제할 수 있도록 자기 손으로 수고하여 선한 일을 하라 (엡 4:28)

마지막 세 번째는 경제활동에 관련된 것이다. 도둑질은 남의
것을 훔치는 것이다. 8계명은 그것을 금한다. 성경은 철저히 개
인의 재산을 인정하고 보호한다. 도둑질하는 것은 타인에게 손
해를 끼치고, 이웃을 해하는 행동이다.

바울은 도둑질을 멈추고 손으로 일하라고 말한다. 중요한 것
은 그 동기가 단지 자신이 먹고 살기 위해서가 아니라는 점이다.
"가난한 자에게 구제할 수 있도록" 그렇게 하라고 말한다. 이웃에
게 해를 끼치던 삶에서 전향하여, 이제는 이웃을 돕고 살리는 삶
이어야 한다는 것이다. 여기서 우리는 우리의 경제생활과 노동
의 목표가 무엇이어야 할지를 고민하게 된다. 우리는 더 많이 벌
어서, 더 윤택한 생활을 하기 위해 일하는가? 아니면 다른 사람의
필요를 채워 섬기고자 그렇게 하는가? 이것은 돈이 많고 적음의
문제가 아니라 삶의 방향의 문제이다.

그리스도 안에 있는 새로운 삶이란 어떤 식으로든 이웃을 해
하던 삶에서 이웃을 사랑하는 삶으로 전환하는 것이다. 이웃을
해하기 위해 거짓을 일삼던 것에서 돌이켜 이웃을 살리는 진리

를 말하고, 쉼 없이 분노를 품어 마귀의 도구로 쓰임받던 삶에서 벗어나 이웃을 향한 섬김의 도구로 살아가는 것이다.

바울은 그리스도 안에서 구원받은 우리가 새로운 라이프 스타일을 따르지 않고, 구습과 옛 사람의 모습을 쫓아간다면 성령을 근심스럽게 하는 것이라 말한다(4:30). 그러나 성령을 받아 구원의 인침, 곧 하나님의 소유됨과 보호를 확인받은 우리가 나아가야 할 길은 너무나 분명하다. 그것은 그리스도께서 하신 것처럼 하나님의 사랑이 되어 살아가는 것이다. 이웃을 해하던 삶을 떠나는 것이다. 남에게 피해 주지 않고, 남에게서 동떨어져 홀로 살아가는 것만으로는 부족하다. 더 적극적으로 다른 사람에게 희망을 주고, 교회 공동체를 세우고, 다른 사람의 부족함을 채우기 위해 살아가는 것이 그리스도 안에 있는 새 사람의 라이프 스타일이다.

12 빛과 어둠의 열매

에베소서 5:3~14

✳

우리는 에베소서를 통하여 어떤 삶이 그리스도 안에 있는 새로운 라이프 스타일인지 살펴보고 있다. 특별히 5장 3~14절에서 바울은 성적인 정결함의 문제를 다룬다. 에베소 도시는 사도행전에서 보여 주듯 아데미 여신 숭배의 중심 도시였다. 고대의 우상숭배는 항상 성적인 제의들을 포함했으며, 그렇기에 성적 문란함이 에베소 사람들 사이에 만연했을 것이라 짐작할 수 있다. 에베소 성도들도 전에는 그런 생활에 익숙한 사람들이었다. 그러나 바울은 그들에게 더 이상 그러한 삶을 살 수 없다는 것을 분명히 한다.

음행과 온갖 더러운 것과 탐욕은 너희 중에서 그 이름조차도 부르지 말라 이는 성도에게 마땅한 바니라 (엡 5:3)

바울의 첫 권면은 무엇인가? 음행, 온갖 더러운 것, 탐욕에 대해서는 말도 꺼내지 말라는 것이다. 여기서 우리는 바울이 성과 관련하여 제시하고 있는 권면의 중요한 두 가지 요소를 발견한다.

첫째, 성적 타락은 영적인 문제다. 바울은 3절에서 성적 타락을 음행, 온갖 더러운 것, 탐욕이라는 세 가지 표현으로 묘사한다. 여기서 우리가 주목해 보아야 할 것은 '탐욕'이라는 표현이다. 문맥상 이 단어는 무절제한 성행위를 말한다. 그런데 한글 성경이 번역한 것처럼 이 단어는 탐욕으로도 번역될 수 있다. 다시 말해, 탐욕에 이끌려서 무절제하고 무분별한 성행위를 하는 것을 가리킨다. 우리가 '탐욕'을 중요하게 다뤄야 할 이유가 있다. 바울은 5절에서 성적 타락을 가리키는 표현으로 이 세 가지를 반복한다.

너희도 정녕 이것을 알거니와 음행하는 자나 더러운 자나 탐하는 자 곧 우상 숭배자는 다 그리스도와 하나님의 나라에서 기업을 얻지 못하리니 (엡 5:5)

바울은 '탐욕'대로 살아가는 사람을 '탐하는 자'라고 묘사하면서 설명을 하나 덧붙인다. '탐하는 자, 곧 우상숭배자', 즉 탐욕스러운 것은 우상숭배라는 것이다. 왜 그럴까?

먼저 탐욕이 무엇인지 생각해 보자. 탐욕은 자연스러운 욕구와 다른 것이다. 배고픈 것 자체는 자연스런 욕구이지 탐욕이 아니다. 그러나 이미 먹고 있으면서도 손에 먹을 것을 움켜쥐고 있는 것은 탐욕이다. 우리는 의식주 전반에 관련된 욕구를 갖고 있다. 당연히 성적인 욕구도 갖는다. 그것은 하나님이 사람을 창조하실 때 주신 것이다. 그러나 하나님이 정해 주신 경계 밖의 것을 얻어 내려 하는 것은 탐욕이다.

결국 선악과의 문제도 탐욕, 탐심의 문제였다. 하나님이 아담과 하와를 굶게 하셨는가? 그들에게 수많은 맛 좋은 열매들을 주시고 먹을 것을 삼게 하셨다. 그러나 그들은 하나님께서 금지하신 것에 탐을 내어, 그것을 취하고 말았다. 탐욕이라는 것은 단순한 욕구의 문제가 아니라 영적인 문제다. 하나님께서 부여하신 한계와 분량을 인정하지 않고 뛰어넘으려는 것이기 때문이다.

따라서 탐욕을 부리는 사람은 우상숭배자다. 꼭 우상을 만들어 놓고 거기에 엎드려 절해야 우상숭배자가 되는 것이 아니다. 하나님을 제쳐 놓고 추구하는 모든 것이 우상이다. 하나님께서 지어 주신 경계를 무시하고 한발 더 벗어나려는 것이 우상숭배다.

사람들은 왜 우상숭배 하는가? 만족하지 않기 때문이다. 하나님께 받은 것을 감사하지 않기 때문이다. 하나님이 주신 것으로 충분치 않다는 생각이 들어와서 그렇다. 그것이 선악과의 문제였다. 바로 거기서 더 큰 문제가 시작된다.

우상은 전혀 우리에게 만족을 주지 못한다. 사람의 욕심은 끝이 없다. 사람이 한 번의 성적 일탈로 만족하겠는가? 그럴 수 없다. 결코 그것이 만족을 주지 못하기 때문이다. 이것이 중독의 무서움이다. 완전한 만족을 줄 것처럼 가장하지만, 끝없는 갈망만을 일으킬 뿐이다.

성적인 문제는 단순히 도덕과 윤리의 문제가 아니라 영적인 문제, 신앙적인 문제임을 기억해야 한다. 그 뿌리에는 탐심과 탐욕이 자리 잡고 있다. 하나님에 대한 불만족스러움과 불평이 자리 잡고 있다. 이런 성적 타락에서 벗어나기 위해서는 영적인 문제의 해결을 보아야 한다. 우리에게 만족을 주시는 유일한 분이신 하나님께 돌아와야 한다. 예수 안에서만 참된 기쁨과 만족이 있음을 믿어야 한다.

그러면 하나님께서 정해 주신 성에 관한 기준은 무엇인가? 아주 간단하게 원리를 제시하고자 한다. 한 남자와 한 여자 사이의 혼인 관계 밖에서의 모든 성관계는 하나님께서 정하신 선을 벗어난 것이다. 이것은 시대가 변하고 사람들의 가치관과 문화가 아무리 달라진다고 한들 유지되어야 할 가치이다. 요즘 젊은이들이 들으면 비웃을 소리다. 무슨 조선 시대 이야기를 하고 있냐고 생각할지 모른다. 그러나 이것은 성경의 가르침이며, 하나님께서 인류에게 주신 기준이다. 한 남자와 한 여자 사이의 혼인 관계 안에서만 성관계는 허락되었다. 그 외의 관계들은 모두 탐욕에서 기인한 것이다.

> 음행과 온갖 더러운 것과 탐욕은 너희 중에서 그 이름조차도 부르지 말라 이는 성도에게 마땅한 바니라 (엡 5:3)

다시 3절로 돌아와서 생각해 보자. 첫째로 성적인 문제는 영적인 문제라는 사실을 살펴보았다. 그다음으로 바울은 성적 타락의 행위들을 "이름조차도 부르지 말라"라고 말한다. 그런 행위들에 관심도 갖지 말고, 애초에 말도 꺼내지 말라는 것이다.

여기서 우리가 발견하는 두 번째 원리는 말이 갖는 힘이다. 사실 바울은 앞선 단락의 권면에서부터 말의 문제를 계속하여 제기하고 있음을 주목하라. 사고방식의 변화가 가장 먼저 드러나야 하는 곳이 말이다. 그래서 앞에서 서로 시험 드는 말 하지 말고, 진리를 말하며 은혜가 되는 말을 할 것을 권면했다. 사람을 세워 주는 말을 하고, 넘어뜨리는 말을 하지 말라고 했다.

여기서는 성 문제에 대한 권면을 하면서 다시금 말의 문제를 꺼낸다. 그런 이야기들, 도무지 본받을 수 없는 문란한 이야기들

은 말도 꺼내지 말라는 것이다. 이것은 4절에서 보다 분명하게
드러난다.

누추함과 어리석은 말이나 희롱의 말이 마땅치 아니하니 오히려
감사하는 말을 하라 (엡 5:4)

누추함, 어리석음, 희롱, 바울은 이렇게 세 가지 표현을 사용
하여 외설스런 말들을 하지 말 것을 권면한다. 죄의 유혹은 말
을 통해 아주 쉽게 틈타고 들어온다. 외설스런 성적인 이야기들
을 입에 달고 다니는 사람이 주위에 있다면 반드시 그 사람을 피
해야 한다. 마음과 생각에 있는 것이 입으로 나오기 때문이다. 그
사람은 온통 음란함으로 머리에 가득 차 있다고 생각해도 틀리
지 않을 것이다.

다시 선악과 사건을 생각해 보자. 결국 무엇에 넘어졌는가?
말에 넘어졌다. 뱀이 하는 말에 넘어가고 말았다. 거짓은 사람을
삼켜 버린다. 우리가 진리에 천착해서 그 안에 머물지 않으면 유
혹의 말에 쉽게 넘어간다. 한 번쯤 어떤가 하는 생각에 쉽게 빠져
들어 버린다.

우리는 어떤 말을 할 것인가? 인상적이게도 "감사하는 말을
하라"라고 한다. 이상하지 않은가? "경건한 말을 해라. 모범적인
말을 해라. 깨끗한 말을 해라." 이렇게 말하면 더 대비가 잘되지

않았겠는가? 그러나 바울은 감사를 말한다.

이유는 무엇이겠는가? 우리가 앞서 살펴본 것처럼 성적인 문제의 뿌리에는 탐욕이 자리하고 있고, 그것이 영적인 문제의 본질이기 때문이다. 감사하지 않고, 만족하지 않기 때문에 끝없는 욕심에 빠져들고 만다. 자신의 입에 감사가 사라지지 않았는가 생각해 보라. 불평이 싹트고, 욕심이 싹트고 있지는 않은가? 감사가 사라지면 유혹이 무섭게 파고들어 온다. 하나님이 허락하시지 않은 다른 것을 통해 만족을 누려 보자는 이상한 생각에 나도 모르게 빠져들고 마는 것이다.

> 5너희도 정녕 이것을 알거니와 음행하는 자나 더러운 자나 탐하는 자 곧 우상 숭배자는 다 그리스도와 하나님의 나라에서 기업을 얻지 못하리니 6누구든지 헛된 말로 너희를 속이지 못하게 하라 이로 말미암아 하나님의 진노가 불순종의 아들들에게 임하나니 7그러므로 그들과 함께 하는 자가 되지 말라 (엡 5:5-7)

바울은 이후에 아주 무서운 이야기를 한다. 앞서 살펴본 것처럼 성적 타락에 허우적거리는 이들, 곧 우상숭배자는 그리스도와 하나님의 나라에서 기업을 얻지 못할 것이라 경고한다. 이것이 믿지 않는 사람에 대한 경고가 아니라는 사실에 주의해야 한다. 이 권면은 교회를 향하고 있다. 믿는 사람들에 대한 경고다.

그리스도인이라고 하면서 그러한 타락에 깊이 물들어 있는 사람들 정신 차리라는 것이다.

우리가 그리스도와 함께 하늘의 유업을 이을 상속자로 부름받았다는 것이 에베소서의 큰 주제다. 그 부르심을 떠나서, 하나님이 주시는 만족을 떠나서, 멋대로 자기 욕심에 이끌려 살아가는 사람은 더 이상 그리스도와 나눌 분깃이 없다는 것이다.

오히려 그들이 받을 몫은 불순종의 아들들에게 임하는 진노다. 우리도 원래 다 욕심을 따라 육체와 마음이 원하는 대로 행하는 불순종의 아들들이었다(2:2~3). 그러나 그리스도 안에서 새로워졌고, 그리스도와 함께 한 상속자가 되었다. 주님은 우리를 그리스도 안에서 완전히 새로운 자로 바라보신다.

특히 7절에서 '함께 하는 자'라는 표현은 함께 몫을 나누는 사람들이라는 의미다. 우리는 그리스도와 함께 상속을 나누는 자리에 있다. 우리의 의로움 때문이 아니라 그리스도의 죽으심과 부활하심 때문에 그러한 자리에 앉게 되었다. 그런데 어떻게 우리가 이 자리를 박차고 불순종의 아들들이 받는 진노의 자리로 돌아갈 수 있겠는가? 결코 그럴 수 없다.

> 너희가 전에는 어둠이더니 이제는 주 안에서 빛이라 빛의 자녀들
> 처럼 행하라 (엡 5:8)

바울은 단언한다. 전에는 어둠이었다. 전에는 불순종의 자녀들이었다. 진노를 그 몫으로 받아야 할 자들이었다. 그러나 이제는, 빛이다! 우리 스스로가 빛인 것이 아니라 예수 그리스도 안에서 빛이다. 이제 빛의 자녀가 가야 할 길을 따라가야 한다. 전에는 몸이 즐거운 대로 내 욕심을 채우는 길로 걸었다면, 이제는 주님이 기뻐하시는 길로 걸어가야 한다. 하나님은 그러한 새로운 삶으로 우리를 변화시키신다.

> 너희는 열매 없는 어둠의 일에 참여하지 말고 도리어 책망하라 (엡 5:11)

바울은 성적 타락과 관련된 권면을 마쳐 나간다. 그 뜻은 명확하다. 아무 짝에 쓸모없는 어둠의 일, 불순종의 아들들의 일에 참여하지 말라는 것이다. 세상이 뭐라하든 그들의 라이프 스타일을 따르지 말고 빛의 자녀들의 길을 걸어가라는 것이다. 더 나아가 바울은 이 대목에서 '책망하라'는 표현을 사용한다. 이 단어는 본래 '드러내다'라는 의미를 가진다. 드러내서 부끄러움을 준다는 함의를 갖는다. 13절에서 이것이 더욱 분명하다.

> 그러나 책망을 받는 모든 것은 빛으로 말미암아 드러나나니 드러나는 것마다 빛이니라 (엡 5:13)

바울이 말하고자 하는 바는 무엇인가? 여기서 책망하라는 것은 그것을 밝히 드러내라는 의미다. 세상 사람들의 말하기도 부끄러운 성적 타락은 어떻게 드러나는가? 빛을 비추일 때 드러난다. 그 빛은 다름 아닌 그리스도 안에서 새로운 삶을 살아가는 사람들을 통해 나타난다. 빛의 열매는 모든 착함과 의로움과 진실함에 있다(9절). 탐욕에 이끌려 살아가는 사람들과는 전혀 다른 삶의 방식과 원리를 말한다.

즉, 죄짓는 사람들한테 가서 혼을 내라는 게 아니라, 새로운 삶을 보여줌으로써 어둠을 드러내라는 것이다. 예수님께서도 산상수훈을 통해 "너희가 세상의 빛이다"라고 말씀하셨다. 이것은 참 빛이신 그리스도 안에 있는 사람들의 새로운 삶이 어두움을 밝히 비추어 내는 것을 의미한다. 그 빛을 보고 사람들은 하나님께 영광을 돌린다(마 5:14~16).

학자들은 이것을 흔히 '대조 공동체' 또는 '대안 공동체'라고 부른다. 새로운 라이프 스타일을 가진 사람들이 그와 반대되는 사람들에게 영향을 끼친다는 것이다. 그런 삶을 살아가는 사람들은 다른 이들에게 도전을 준다. 다른 차원의 삶이 있다는 것을 보여 준다. 욕심에 이끌리는 대로 사는 것이 아니라 성령께 이끌리는 삶이 있다는 것을 보여 주고, 그들을 빛으로 인도한다.

그러므로 이 말씀은 에베소 성도들의 새로운 라이프 스타일이 가져올 선교적 결과를 함의한다. 에베소 성도들은 이미 그 빛을 경험한 사람들이다. 이전의 불순종의 자리에서 돌이켜, 빛의 자리로 인도함을 받은 사람들이다. 이제 그들의 구별된 삶이 그리스도 안에 있는 빛을 비추어 낸다. 그 빛은 어둠을 몰아내고, 또한 빛으로 사람들을 인도한다.

결국 오늘날 우리 교회가 가장 먼저 살펴야 할 것은 그 누구보다도 우리 자신이다. 우리는 과연 빛의 자녀답게 걸어가고 있는가? 긍정적인 의미에서 세상에 충격을 주는 대조 공동체, 대안 공동체로서 살아가고 있는가? 아니면 오히려 세상보다 더 악하게 성적인 유혹과 온갖 욕망에 우리 자신을 내어 주고 있지는 않은가? 어둠을 비추어 드러내야 할 교회가 오히려 세상으로부터 책망받고 있지는 않은가?

반드시 기억하자. 우리는 욕심대로 살아가던 우상숭배의 자리, 불순종의 아들들의 자리에서 그리스도 말미암아 빛의 자녀로 부름받았다. 그리스도는 빛 가운데 걸어가는 우리의 새로운 삶의 방식을 통해 세상에 빛을 비추길 원하신다.

PART 4

성령의 능력으로

변화된 삶

13 오직 성령의 지배를 받으라

에베소서 5:15~21

*

이 단락은 하나의 연결 고리이다. 앞의 내용을 정리하면서, 22절부터 새롭게 시작되는 내용을 준비한다. 여기에는 우리에게 익숙한 내용이 많은데, 익숙한 본문일수록 더 자세히 관찰할 필요가 있다. 다 아는 내용이라고 생각해서 그냥 넘기게 되는 경우가 많기 때문이다.

그런즉 너희가 어떻게 행할지를 자세히 주의하여 지혜 없는 자 같이 하지 말고 오직 지혜 있는 자 같이 하여 (엡 5:15)

에베소서 4장부터 계속하여 바울은 그리스도의 공동 상속자인 교회와 성도가 어떻게 걸어가야 할 것인가에 대해 말하고 있다. '걸어간다'는 것은 라이프 스타일을 가리키는 표현이다. 15절에서 마지막으로 바울은 '걸어가다', '행하다'라는 표현을 사용한다. "너희가 어떻게 행할지를 자세히 주의하라." 그리스도인에게 합당한 새로운 라이프 스타일이 무엇인지 조심스럽게 살펴보라는 것이다.

그리스도인의 삶에는 많은 생각이 필요하다. 한 발 떼는 것을 조심스럽게 해야 한다. 그리스도인의 삶은 그 자체로 선교이기 때문이다. 우리의 한 걸음을 통해 그리스도가 누구시며 하나님이 어떤 분이신지, 복음이 무엇인지 드러난다. 우리의 행동거지를 조심스럽게 해야 할 이유가 여기에 있다.

이를 위해 반드시 필요한 것이 있는데, 바로 '지혜'이다. 15절 후반부를 보면 "지혜 없는 자 같이 하지 말고 오직 지혜 있는 자 같이 하여"라고 말씀한다. 이 지혜는 어디로부터 나오는가? 하나님이시다. 그래서 바울은 이미 1장에서 이렇게 기도했다.

17우리 주 예수 그리스도의 하나님, 영광의 아버지께서 지혜와 계시의 영을 너희에게 주사 하나님을 알게 하시고 18너희 마음의 눈을 밝히사 그의 부르심의 소망이 무엇이며 성도 안에서 그 기업의 영광의 풍성함이 무엇이며 19그의 힘의 위력으로 역사하심을 따라 믿는 우리에게 베푸신 능력의 지극히 크심이 어떠한 것을 너희로

알게 하시기를 구하노라 (엡 1:17~19)

　바울은 무엇을 기도하는가? 하나님께서 지혜와 계시의 영을 주실 것을 기도한다. 바울은 특별히 성령님을 '지혜'와 '계시'의 영으로 묘사한다. 그분께서 우리에게 지혜를 주어 깨닫게 하시고, 하나님의 계시 곧 하나님의 말씀과 뜻을 알게 하시기 때문이다.

　성령님이 우리 안에서 깨닫게 하시고, 알게 하시는 것은 무엇인가? 17절 끝에 '하나님을 알게 하시고'라고 했다. 성령님은 먼저 하나님이 누구신지 알게 하신다. 그분이 우리를 향해 얼마나 마음을 쏟고 계시며, 얼마나 사랑하시는지를 깨닫게 하신다. 이어서 18절을 보면 '그의 부르심의 소망', '성도 안에서 그 기업의 영광의 풍성함'을 알게 하신다. 하나님이 우리를 부르셔서 누리게 하시는 상속이 얼마나 풍성한 것이며, 영광스러운 것인지를 알게 하신다. 마지막으로 19절을 보면 '우리에게 베푸신 능력'이 얼마나 크신지, 그분이 얼마나 크고 놀라우신 능력의 하나님이신지를 알게 하신다.

　정리하면, 성령님이 우리에게 지혜로 깨닫게 하시는 것이 세 가지다. 첫째, 하나님이 그리스도 안에서 우리를 얼마나 사랑하시는가. 둘째, 그분이 우리에게 주실 상속과 기업이 얼마나 풍성하고 영광스러운가. 셋째, 연약한 우리를 그러한 상속자로 만들어 가시는 하나님의 능력이 얼마나 위대한가.

성령님께서 주시는 지혜라는 것은, 우리가 일 처리를 잘하고 현명하게 대처하는 것에 국한된 것이 아니다. 그보다 본질적으로 바울이 여기서 말하고자 하는 것은 하나님께서 어떤 분이신지, 그분께서 우리를 위해 무슨 일을 하셨고, 하고 계시고, 또 하실 것인지 알고 깨닫는 것이 참 지혜라는 것이다. 그것을 아는 사람은 지혜 있는 사람이고, 그것을 깨닫지 못하는 사람은 지혜가 없는 것이다. 지혜로운 사람은 자신이 어떻게 걸어 나가야 할지 주의하여 살핀다. 그런데 바울이 여기서 특별히 주목하는 것이 있는데, 바로 시간이다.

세월을 아끼라 때가 악하니라 (엡 5:16)

개역개정의 각주 2번에 나와 있는 것처럼, '세월을 아끼라'는 표현은 '기회를 사라'는 뜻으로 이해될 수 있다. 세월을 아끼라는 말이 소극적 표현이라면, 기회를 사라는 것은 더 적극적인 표현이다. 왜 기회를 포착하여 적극적으로 잡아야 하는가? 때가 악하기 때문이다. 시대가 악하고, 어둡다. 어두운 시대에서 빛의 자녀들처럼 걸어가야 한다(5:8). 때가 어둡다고 하여 어둠의 일들에 자신을 내어 주는 것은 지혜 없는 자들의 일이다.

성도들에게는 종말론적인 긴박감과 긴장감이 있어야 한다. 이것은 종말을 두려워하고 불안해하라는 말이 아니다. 종말의 음모론에 빠져서 허우적거리는 것은 성도의 라이프 스타일이 아니다. 우리에게 시간이 무한정 남아 있지 않다는 것을 기억해야 한다. '다음에 하지 뭐…' 이것은 느슨한 생각이다. 개인의 종말이든 역사의 종말이든 우리는 한정된 시간을 살아감을 기억해야 한다. 주님의 날은 어제보다 오늘 더 가까이 와 있다. 우리의 인생도 또한 그렇다. 우리에게 허락된 시간은 짧고, 우리의 때는 어둡고 악하다. 우리가 걸어갈 길에 많은 덫이 놓여 있다. 그러므로 우리에게 남겨진 시간을 최대한 활용하여 빛의 자녀다운 행보를 어떻게 걸어갈지 자세히 살피라는 것이다.

> 그러므로 어리석은 자가 되지 말고 오직 주의 뜻이 무엇인가 이해
>
> 하라 (엡 5:17)

15절에서 지혜 없는 자와 지혜 있는 자가 대조되었던 것처럼, 여기서는 '어리석은 자'와 '이해력 있는 자'가 대비된다. 무엇을 이해하고 깨달아야 하는가? '주의 뜻'이다. 누구나 주님의 뜻을 알고 싶어한다. "이렇게 해야 할까요, 저렇게 해야 할까요?" "이사를 갈까요, 말까요?" "동쪽으로 갈까요, 서쪽으로 갈까요?" 사실 인생에서 벌어지는 이런 일반적인 일들은 어떻게 하든 하나님께 맡기고 나아가면 큰 탈 없는 것들이다. 우리가 정말 이해하고 깨달아야 하는 하나님의 뜻은 다른 데 있다.

11모든 일을 그의 뜻의 결정대로 일하시는 이의 계획을 따라 우리

가 예정을 입어 그 안에서 기업이 되었으니 12이는 우리가 그리스

도 안에서 전부터 바라던 그의 영광의 찬송이 되게 하려 하심이라

(엡 1:11~12)

바울은 1장에서 하나님의 '뜻'으로 말미암아 자신이 그리스도 예수의 사도가 되었다고 말하면서(1절), 마찬가지로 성도들 역시 하나님의 뜻 가운데 예정함을 입어 하나님의 아들들이 되었다는 것을 강조했다(5절). 그리고 11절에서 바울은 하나님의 뜻 안에서 우리가 그분의 기업, 하나님의 소유가 되었다고 말한다. 하나님이 우리를 특별히 아끼시고 보호하신다. 그 궁극적인 목적은 무엇인가? 12절은 그리스도 안에서 '영광의 찬송'이 되게 하는 것이라고 말씀한다. 즉 하나님의 뜻은 우리가 그리스도를 통해 하나님의 영광을 찬송하도록 하는 것, 교회를 통해 찬송을 받으시는 것이다. 교회가 이 어두운 세상 가운데서 그분의 영광을 나타내는 선교적 공동체가 되는 것이다. 그러므로 19절의 권면이 이어지는 것이 자연스럽다.

19시와 찬송과 신령한 노래들로 서로 화답하며 너희의 마음으로 주

께 노래하며 찬송하며 20범사에 우리 주 예수 그리스도의 이름으

로 항상 아버지 하나님께 감사하며 (엡 5:19~20)

시, 찬송, 신령한 노래들로 '서로 화답하라'고 한다. 혼자서 주님께 찬양을 드리는 것도 매우 중요하다. "너희의 마음으로 주께 노래하며 찬송하며" 그러나 놀랍게도 여기서는 공동체의 찬양이 먼저 강조된다. 찬양은 하나님께 드리는 것이지만, 또한 공동체 안에서 서로를 격려하고 일으켜 세우는 역할도 한다. 찬양은 보통 말씀으로 되어 있기 때문이다. 하나님께서 그 백성들에게 주신 시편이 그렇지 않은가? 곡조 있는 말씀은 서로에게 힘을 주고 위로하고 격려한다. 찬양은 우리가 다 헤아릴 수 없는 놀라운 힘을 가진다.

그리고 또다시 반복되는 것이 바로 '감사'다. 범사에 감사, 모든 일에 감사하라는 것이다. 교회는 불만과 의심으로 가득 찬 세상에서 감사를 말할 수 있는 유일한 공동체이다. 감사야말로 하나님을 인정하고 예배하는 가장 기초적인 태도이자 마음가짐이다. "하나님이 주신 것으로 만족합니다"라는 고백이다.

한 노총각이 있었다. 하나님 앞에 순전한 자매를 만나기 위해서 오랜 시간 기도를 했다. 어느 날 기도 응답처럼 그런 자매가 나타났고 두 사람은 결혼을 했다. 모든 성도가 기대한 것 이상으로 이 가정은 교회에 귀감이 되고 본이 되었다. 그런데 이 가정에 아이가 안 생기는 어려움이 닥쳤다. 온 교회가 그 가정을 위해 기도했다. 놀랍게도 하나님께서 기도를 들으시고 그 가정에 아이를 주셨다. 시간이 지나 산부인과에서 진료를 받는데 배 속에 있는 아이가 장애를 갖고 태어날 수도 있다는 이야기를 듣게 되었다. 이 가정은 결국 아이를 낳기로 하였고, 아이는 예상대로 장애를 갖고 태어났다.

모든 성도가 그 가정을 걱정했다. 그런데 장애 아이를 낳은 자매는 어디를 가던지 아기를 자랑스럽게 보여 주었다. 그 모습을 지켜보던 성도들은 앞으로 저 자매가 끌어안고 갈 고통과 아픔을 생각하며 참 많이 안타까워했다. 한 자매가 그 가정을 위해 기도하던 중에 하나님께 호소하였다고 한다. "하나님, 입장을 바꿔 생각해 보세요. 어떻게 이럴 수가 있습니까?"

그러자 하나님께서 이렇게 말씀하시는 것처럼 느껴졌다. "그래, 입장을 바꿔 생각해 보자. 나는 전능한 하나님이다. 전능한 내가 내 아들을 십자가의 고통 속으로 밀어 넣을 때에 내 마음은 어떠했겠니?" 그때 이 자매는 깨닫게 되었다. 고난 가득한 세상에서 하나님을 변호할 사람이 필요하다는 것이었다. 하나님은 고난과 고통을 겪고 있는 성도들의 감사와 찬송을 통해서 역설적으로 자신의 사랑을 드러내시는 것이다. 고난 중에 있는 성도들이 어깨를 축 늘어뜨리지 않고 하나님께 더 밀착하여 그분께 노래하고 감사할 때, 하나님은 그들을 통해 변호를 받으신다.

바울은 '우리 주 예수 그리스도의 이름'으로 아버지 하나님께 감사하라고 말한다. 이것은 쉽게 말해 예수님 때문에 감사할 수 있다는 것이다. 이미 우리는 1장에서 우리가 '그리스도 안에서'

하나님을 향한 찬송이 되는 것이 그분의 뜻이라는 것을 살펴보았다(1:12). 그리스도 때문에 우리가 하나님을 아버지라 부를 수 있게 되었고, 그분께 감사하고 찬양할 수 있게 되었다. 다시 말해, 그리스도께서 우리를 지배하실 때만 하나님 아버지를 향한 감사가 가능하다. 그리스도께서는 만물을 통일하시어 아버지께 감사와 영광을 돌리게 하신다(1:10). 이것의 또 다른 표현이 '성령 충만'이다.

> 술 취하지 말라 이는 방탕한 것이니 오직 성령으로 충만함을 받으라 (엡 5:18)

방금 살펴본 19절과 20절의 찬송과 감사에 대한 명령은 문법적으로 다 18절에 종속되어 있다. 찬송과 감사가 어디로부터 나올 수 있는가? 다름 아닌 성령의 충만함으로부터만 가능하다는 의미이다. 성령 충만의 결과가 그리스도 안에서의 찬송이며 감사다.

그리스도의 지배 아래 온전히 놓여 있는 것은 성령의 충만과 다르지 않다. 바울은 에베소서에서 하나님, 그리스도, 성령을 서로 교호적으로 사용한다. 그리스도는 만물을 충만하게 하시며(1:23, 4:10), 하나님도 우리를 충만케 하신다(3:19). 충만은 삼위 하나님으로 말미암는 지배의 상태를 가리킨다. 특별히 이 맥락에서 성령의 충만이 언급되는 것은 성령님이 지혜와 계시의 영이시기 때문이다. 성령이 충만할 때 우리는 하나님의 뜻을 분별하는 지혜를 얻는다. 그래서 하나님의 뜻대로 그리스도 안에서 그분을 찬송하는 삶을 살아갈 수 있다.

그 반대는 무엇인가? 독특하게도 술 취하는 삶이다. 지금까지 바울은 지혜 있음-지혜 없음, 어리석음-이해력 있음을 대조했다. 그런데 성령 충만은 '성령 부족'이 아닌 '술 취함'과 비교된다. 왜 술 취함인가? 성경은 어두움의 일을 이야기할 때, 술 취함을 빼놓지 않는다(롬 13:12~13, 벧전 4:3). 여기서도 바울은 술 취함이 '방탕한 것'이라고 규정한다. 방탕은 기본적으로 '낭비'를 의미한다. 이것은 16절에 '세월을 아끼라', '기회를 사라'는 명령과 대조된다. 다시 말해 술 취함과 방탕함은 종말에 대한 긴장이 없이 되는대로 살아가는 삶의 전형이다. 예수님의 가르침에서도 술 취함은 종말론적인 나태함과 무감각함을 나타내는 전형적인 모습으로 등장한다.

> 48만일 그 악한 종이 마음에 생각하기를 주인이 더디 오리라 하여 49동료들을 때리며 술친구들과 더불어 먹고 마시게 되면 50생각하지 않은 날 알지 못하는 시각에 그 종의 주인이 이르러 51엄히 때리고 외식하는 자가 받는 벌에 처하리니 거기서 슬피 울며 이를 갈리라 (마 24:48~51)

너희는 스스로 조심하라 그렇지 않으면 방탕함과 술취함과 생활의
염려로 마음이 둔하여지고 뜻밖에 그 날이 덫과 같이 너희에게 임
하리라 (눅 21:34)

이렇듯 술 취함은 하나님의 뜻을 분별하지 못하여 인생을 낭
비하는 라이프 스타일을 대표한다. 이는 성령 충만하지 못한 모
습이며, 그리스도의 지배를 받지 않는 상태. 때를 알아차리지
못하고, 걸어갈 바를 알지 못하는 둔하고 어리석은 삶이다. 따라
서 술의 문제는 결코 가벼이 생각해서는 안 된다. 때가 악하다.
성도는 시류와 분위기에 휩쓸려 사는 존재가 아니라, 하나님의
뜻에 따라 살아가는 존재이다.

우리는 먼저 하나님의 '뜻'을 이해하고, 깨달아야 한다. 우리는
전에 다 내가 원하는 대로, 내 몸과 마음의 뜻대로 사는 진노의 자
녀였다(2:3). 이제는 하나님의 뜻이 내 삶의 기준이어야 한다. 그
뜻은 그리스도 안에서 하나님의 찬송이 되어 살아가는 것이다.

전에는 내 자신이 중요했을지라도 이제는 그리스도 안에서의
나, 교회로서의 내가 중요하다. 어떤 학자는 이를 '교회아'라고 불
렀다. 그리스도인에게는 자아실현이 중요한 것이 아니라, 교회
아로서 하나님의 뜻을 실현하는 것이 중요하다. 그것은 우리가
하나님을 높이고, 그분의 이름을 세상에 알리는 것이다. 그것이
성령 충만의 삶이다.

14 큰 비밀

에베소서 5:22~33

✳

우리는 계속해서 그리스도 예수 안에서의 새로운 라이프 스타일에 대해 살펴보고 있다. 지금부터 다룰 내용은 개인을 넘어 가정과 사회 속에서 어떤 라이프 스타일을 취할 것인가 하는 문제이다. 이 단락은 성령의 지배를 받으라는 명령에 종속되어 있는 21절의 큰 명제에 걸려 있다고 볼 수 있다.

그리스도를 경외함으로 피차 복종하라 (엡 5:21)

성령의 지배를 받는 삶은 대인 관계에 있어서 '피차', 곧 서로 복종하는 모습으로 나타나야 한다. 그 근본은 '그리스도에 대한 경외'에 있다. 그리스도인의 삶이라는 것은 그리스도를 기초로 하는 것이다. 무엇보다 그리스도를 경외하는 것, 곧 그분을 두려워하는 것에서 우리의 새로운 삶이 출발한다고 바울은 말하고 있다.

이것은 매우 중요한 원리이다. 오늘날 교회의 문제는 하나님과 그리스도에 대한 두려움을 잊어버렸다는 데 있다. 우리는 하나님을 사랑의 하나님으로만 생각한다. 그분은 사랑하시기에 또한 진노하시는 분이다. 하나님의 진노하심을 가볍게 생각하지 말아야 한다. 하나님에 대한 두려움과 경외가 사라지면 방종하게 된다. 집안에서 어른들에 대한 두려움이 사라질 때의 모습을 생각해 보라. 모두가 자기 마음대로 하려다가 무질서와 혼란에 빠져 버리고 말 것이다.

만일 우리 삶에 진정한 주인이 계시고, 머리가 계시고, 권위자가 계심을 인정한다면, 우리의 사회적 관계들도 새롭게 이해하게 된다. 새로운 차원의 질서에 들어가는 것이다. 그것은 다름 아닌 '피차 복종'하는 삶이다. 이것이 앞으로 이어질 소위 '가정규약(남편-아내, 부모-자녀, 주인-종 사이의 관계에 대한 규범)'에 대한 이해의 핵심이다.

바울은 어떤 사람들의 기대와 달리 사회적 질서를 무너뜨리려던 사람이 아니었다. 기존의 것들을 다 전복시키는 것이 그의 목표가 아니었다. 오히려 바울은 기존의 질서를 인정하면서 그

의미를 갱신하는 데 목표를 둔다. 그것은 때로 사회 순응적으로 보이기도 하고, 어떤 경우엔 급진적이고 변혁적으로 보이기도 한다. 다만 그 본질은 진정한 세상의 주인이신 그리스도를 두려워하는 가운데 모든 관계와 질서들을 이해하며, 피차 복종하는 데 그 중심을 두고자 하는 것이다.

본문은 이러한 큰 명령 아래에서 부부 사이의 관계에 대해 말씀하고 있다. 사실 이 단락의 메시지는 간단하다. 아내는 남편에게 복종하고, 남편은 아내를 사랑하라는 것이다. 그러나 이 단락의 초두에 아내들에게 주어지는 '복종'이라는 단어 때문에 마음을 딱 닫아 버리는 이들이 많다. 그렇기 때문에 먼저 두 가지 사실을 언급할 필요가 있다.

하나는, 우리가 이 말씀을 적용함에 있어서 유의해야 할 것은 당시의 결혼 문화, 여성과 남성의 사회적 지위가 지금과는 확연히 달랐다는 것이다. 물론 다음에 다룰 주인과 종 사이의 관계도 마찬가지다. 지금은 아예 그런 언어도 존재하지 않는 시대다. 특히 가정과 관련하여, 당시 대부분의 여성은 혼자서 경제적인 생활을 유지하기 어려웠다. 그래서 구약에서뿐만 아니라 신약에서도 홀로된 과부들에 대한 구제 문제가 지속적으로 언급된다는 점을 기억할 필요가 있다. 가정에 있어서 여성의 지위는 상대적으로 부차적인 문제였다.

다른 하나는 우리가 결혼에 대하여 뒤틀려진 시대 속에 살고 있다는 것이다. 이 시대는 결혼으로 상처와 아픔을 경험한 이들이 많다. 나이가 든 사람들은 유교적인 질서로 인해 부부 관계에서 억압을 느꼈을 수 있다. 반면 젊은 세대들은 요즘 식의 소위 평등한 부부 관계가 모든 것을 해결해 줄 것이라고 기대할지도 모른다. 통장을 따로 쓰고, 재산 명의도 따로 하는 것이 결혼 생활을 유지하는 최선의 방책이라 여기는 세대다. 그러나 부쩍 높아진 이혼율은 그러한 것들이 행복한 결혼 생활을 보장하지 못함을 단편적으로 보여 준다고 생각한다.

그래서 요즘에는 결혼을 포기하는 젊은이들도 많다. 부모의 갈등과 이혼에 질려서, 자기는 도무지 가정을 꾸려 나갈 자신이 없다고 생각하는 것이다. 교회 안에도 깨어진 가정을 경험한 청년들이 얼마나 많은지 모른다. 이러한 시대에 결혼의 질서에 대해 이야기하는 게 부담스러운 것이 사실이다. 이에 대해 듣는 것 자체가 어떤 이들에게는 상처로 다가올 수 있기 때문이다. 그럼에도 이 부분을 건너뛸 수는 없다. 하나님께서 결혼 생활 이면에 크고 놀라운 비밀을 담아 놓으셨다고 말씀하고 계시기 때문이다.

> 22아내들이여 자기 남편에게 복종하기를 주께 하듯 하라 23이는 남편이 아내의 머리 됨이 그리스도께서 교회의 머리 됨과 같음이니 그가 바로 몸의 구주시니라 24그러므로 교회가 그리스도에게 하듯 아내들도 범사에 자기 남편에게 복종할지니라 (엡 5:22~24)

먼저 아내들에게 주어지는 권면이다. 어떻게 가정에서 성령 충만한 모습으로 살 것인가? 그것은 남편에게 복종하는 것이다. 앞서 언급했듯이 '복종'이라는 단어가 주는 뉘앙스가 우리에게 썩 달갑지는 않다. 우리 한국 사람은 이미 유교적인 문화에서 이 단어를 몸에 익혔기 때문이다. 분명 바울은 부부 관계의 질서에 대해서 말하고 있다. 그러나 그 질서는 교회와 그리스도의 관계를 바탕으로 해야 한다.

23절에서 '그리스도께서 교회의 머리가 되신다'는 사실은 바울이 이미 앞서 설명한 내용들이다(1:22, 4:15). 이 구절에서 '머리'라는 단어는 '다스림'을 함의한다. 그리스도께서는 교회의 머리로서 교회를 다스리시는 분이다. 여기서 바울은 한 걸음 더 들어간다. "그가 바로 몸의 구주시니라"

바울은 이 표현을 통해 그리스도와 교회 곧 머리와 몸의 관계를 보충하고자 한다. 즉, 그리스도께서 교회의 머리가 되신 것은 구원 사역의 결과다. 하나님은 그리스도를 죽은 자 가운데서 다시 살리셨을 뿐만 아니라, 그에게 모든 권세를 주셨다. 또한 그를 교회의 머리로 주셔서, 교회도 그 권세를 같이 누리게 하셨다(1:20~22).

이 모든 것의 기초는 무엇인가? 바로 사랑이다. 그것도 희생적 사랑이다. 바울은 앞서 5장 2절에서 그리스도께서 하신 일의 기초를 다음과 같이 설명했다.

그리스도께서 너희를 사랑하신 것 같이 너희도 사랑 가운데서 행하라 그는 우리를 위하여 자신을 버리사 향기로운 제물과 희생제물로 하나님께 드리셨느니라 (엡 5:2)

그리스도께서 몸인 교회의 머리 되심은 강압적이고 폭력적인 질서와 거리가 멀다. 이는 부부 관계에서 남편이 아내의 머리 됨 또한 마찬가지이다. 누군가 이 성경 구절을 들고 가서 "여기 성경에 아내는 남편에게 복종해야 한다고 나와 있잖아!"라고 윽박지른다면, 그는 이 구절을 조금도 이해하지 못한 것이다. 바울도 어쩌면 이를 염려한 듯 남편들에 관하여 이렇게 말씀한다.

25남편들아 아내 사랑하기를 그리스도께서 교회를 사랑하시고 그 교회를 위하여 자신을 주심 같이 하라 26이는 곧 물로 씻어 말씀으로 깨끗하게 하사 거룩하게 하시고 27자기 앞에 영광스러운 교회로 세우사 티나 주름 잡힌 것이나 이런 것들이 없이 거룩하고 흠이 없게 하려 하심이라 (엡 5:25~27)

남편들에게 주어지는 권면 역시 그리스도와 교회의 관계 안에서 설명된다. 그리스도께서는 교회를 사랑하셨기에 자신을 내어 주셨다. 그리스도께서 교회의 머리 되신 것도, 사실상 그분 자신을 내어 주신 사랑의 결과인 것이다. 이어서 바울은 그분의 사랑이 몸인 교회를 거룩하고 영광스런 자리에 서게 하셨음을 말한다. 그리스도의 사랑은 맹목적이지 않다. 오히려 교회의 영광을 위한 것이다. 거룩하고 흠이 없는 자들로 서게 하시는 것이다. 이는 에베소서의 서두에서 선언되었던 바이기도 하다.

> 3찬송하리로다 하나님 곧 우리 주 예수 그리스도의 아버지께서 그리스도 안에서 하늘에 속한 모든 신령한 복을 우리에게 주시되 4곧 창세 전에 그리스도 안에서 우리를 택하사 우리로 사랑 안에서 그 앞에 거룩하고 흠이 없게 하시려고 (엡 1:3~4)

다시 말해, 그리스도의 사랑은 항상 몸인 교회의 유익을 향한다. 이기적인 사랑이 아니라 희생적인 사랑이다. 감정적이기만 한 사랑이 아니며 상대의 유익을 위한 사랑이다. 바울은 이러한 사랑이야말로 남편과 아내, 부부 관계의 기초라는 것을 분명히 하고 있는 것이다.

> 28이와 같이 남편들도 자기 아내 사랑하기를 자기 자신과 같이 할지니 자기 아내를 사랑하는 자는 자기를 사랑하는 것이라 29누구든지 언제나 자기 육체를 미워하지 않고 오직 양육하여 보호하기를 그리스도께서 교회에게 함과 같이 하나니 30우리는 그 몸의 지체임이라 (엡 5:28~30)

바울은 계속해서 아내 사랑에 대해서 말한다. 아내 사랑하기를 자신을 사랑하는 것처럼 하라는 것이다. 28절에 '자기 자신'이라고 번역된 단어는 '자기 몸'으로 번역하는 것이 더 적절하지 않을까? 이것이 중요한 이유는 남편과 아내의 관계를 그리스도와 교회의 관계로 비유하기 때문이다. 머리이신 그리스도께서 몸인 교회를 사랑하는 것처럼, 남편도 아내를 자기의 몸으로 여기고 사랑하라는 의미가 여기에 나타나고 있다.

그리스도는 그의 몸인 교회를 양육하신다. 앞서 바울은 몸인 교회가 머리이신 그리스도로부터 도움을 받아서 자라 가고 세워진다고 하였다(4:16). 마찬가지로 남편과 아내는 분리되어 있지 않고 연결되어 있다. 사실상 머리는 몸을 위해 존재하며, 몸은 머리로부터 힘을 얻어 자라 가고 세워진다. 그렇게 유기적인 관계 가운데 하나의 몸이 된다.

> 31그러므로 사람이 부모를 떠나 그의 아내와 합하여 그 둘이 한 육
> 체가 될지니 32이 비밀이 크도다 나는 그리스도와 교회에 대하여
> 말하노라 33그러나 너희도 각각 자기의 아내 사랑하기를 자신 같
> 이 하고 아내도 자기 남편을 존경하라 (엡 5:31~33)

바울의 결론은 무척 자연스럽다. 남편과 아내는 연합하여 하나의 몸을 이룬다. 머리와 몸은 분리될 수 없다. 오히려 연합하여

한 육체가 된다. 머리이신 그리스도는 그 몸인 교회와 하나가 되기 위하여 자신을 온전히 내어 주셨다. 이러한 사랑의 관계로 그리스도와 교회는 묶여 있다.

이것이 바울이 말하는 큰 비밀이다. 하나님께서 제정하신 결혼 제도는 단순히 남자와 여자의 유익을 위한 것이 아니다. 출생만을 위한 것도 아니다. 오히려 그 안에는 그리스도께서 어떻게 교회를 사랑하시는가에 대한 비밀이 감추어져 있었다. 바울이 이 큰 비밀 앞에서 놀라는 이유다.

그리스도께서 우리를 어떻게 사랑하셨는가? 십자가에 자기 몸을 내어 주셨다. 이것보다 더 실제적인 것이 있는가? 하나님의 아드님이 육신을 입고 오셔서 우리를 아내로 맞기 위해서 십자가에 자기 몸을 내어 주셨다. 그래서 성경은 거대한 러브 스토리이자 웨딩 스토리이다.

에덴동산에서 망가진 가정이 계시록에 가서는 어린 양과 혼인 잔치의 회복으로 끝이 난다. 생각해 보면 예수님이 오셔서 첫 번째 기적을 베풀어 주셨던 현장도 결혼 잔치였다. 혼인 잔치인데 문제가 생겨 중단된 현장이었다. 주님께서 그곳의 기쁨을 회복시키시고 그 잔치를 다시 되돌려 놓으며 첫 번째 사역을 시작하신 것은, 자기 아내인 교회를 사랑하기 위해 피를 흘려야만 한다는 메시지를 보여 주기 위해서였다. 단순한 기적이 아니다. 한 남자와 한 여자 사이의 혼인 관계가 바로 이렇게 놀라운 이야기를 반영한다.

이것은 단지 이런 신학적 설명만을 위한 것이 아니다. 부부 관계는 이 비밀, 곧 복음의 비밀을 드러내는 현장이어야 한다. 아내가 남편을 존경하고, 남편이 아내를 희생적으로 사랑하는 것은 그리스도와 교회를 드러내며, 궁극적으로 그리스도를 통해 나타난 하나님의 사랑을 보여 준다.

오늘날 사람들은 세속적 결혼에 질려 있다. 이 세대는 오로지 이 결혼이 내게 유익이 되느냐 안 되느냐를 따지는 풍조를 따르고 있는 것으로 보인다. 장가 잘 갔나, 시집 잘 갔나의 기준을 경제적인 요건으로 주로 판단하는 시대다. 어쩌면 바울의 시대 역시도 크게 다르지 않았을 것이다. 남편이 내 인생에 도움이 되는지, 아내가 우리 가문의 명예에 도움이 될 것인지가 주된 관심사였던 시대다.

바울은 에베소 성도들을 향하여, 그리고 오늘 우리를 향하여 결혼 제도는 남편이나 아내의 개인적인 유익을 추구하라고 주어진 것이 아니고, 하나님의 종말론적인 목적을 그려 내기 위해 세워진 것임을 보여 준다. 우리 삶의 모든 면면, 특히나 가정 생활은 그리스도와 그분의 사랑을 드러내는 선교적 현장이라고 선포한다.

이 말씀이 우리 가정에 꼬여 있는 모든 문제를 단박에 풀 수는 없을 것이다. 모든 가정에 이 말씀이 동일한 방식으로 적용되지도 않는다. 다만 한 가지 분명한 것은 우리의 삶이 가정 생활에서도 그리스도를 드러내야 한다는 것이다. 성령께 지배받을 때, 우리에게 새로운 질서와 당위와 동기가 부여된다. 그리스도의 사랑이 우리를 새로운 삶으로 이끌어 가신다.

＊

바울은 남편과 아내가 그리스도와 교회의 관계를 보여 주는 '큰 비밀'이라고 했다. 이것은 부모와 자녀의 관계에도, 상전과 종의 관계에도 그대로 적용될 수 있다. 우리는 바울이 제시하고 있는 관계의 질서들이 "성령의 지배를 받으라"는 명령에 속해 있는 것이며, 그중에서도 "그리스도를 경외함으로 피차 복종하라"는 큰 원리 가운데 있음을 다시 기억해야 한다.

우리가 맺고 있는 다양한 관계들은 그리스도 안에서, 그분을 경외하는 삶을 기준으로 다시 해석되어야 한다. 고대 사회에는 나름의 철학과 질서를 통해, 부모 자녀 관계, 주종 관계를 규정하는 규율들이 있었다. 표면적으로 보면 바울의 권면이 그것들과 크게 다르지 않은 부분도 있다. 중요한 것은 바울이 이러한 관계의 질서를 그리스도 안에서 재규정한다는 데 있다. 그리스도 안에서 모든 인간관계에 새로운 의미와 질서가 부여된다.

이것은 성령의 지배를 받는 그리스도인이 인간관계에 있어서도 기존의 전통적인 생각과 사고, 또는 오늘날의 실리적인 인식 체계로부터 벗어나야 한다는 것을 의미한다. 하나님의 말씀, 그리스도의 복음 안에서 우리가 맺고 있는 다양한 관계들을 다시 새롭게 이해하고, 새로운 태도와 행동을 갖게 되는 것이 하나님께서 이러한 말씀들을 우리에게 주시는 이유다.

이러한 시각을 잘 보여 주는 것이 오늘 다루는 6장 1~9절에 반복되어 나타나는 '주'라는 단어다. 1절 '주 안에서', 4절 '주의 교훈과 훈계로', 7절 '주께 하듯', 8절 '주께로부터', 9절 '너희의 주(상전)', 이것들이 말하는 바가 무엇인가? 모든 관계 위에 진정한 '주'가 계시다는 것이다. 이는 "그리스도를 경외함으로 피차 복종하라"는 대전제를 생각하게 한다. 그리스도인은 모든 인간관계 위에 그것의 주인이신 그리스도가 계심을 기억해야 한다. 인간관계의 진정한 주인은 내 자신이 아니라 오직 '주님'이시다.

자녀들아 주 안에서 너희 부모에게 순종하라 이것이 옳으니라 (엡 6:1)

먼저 부모 자녀 간의 관계를 다루면서, 자녀들을 향한 권면이 제시된다. 자녀는 부모에게 순종함이 옳다. '옳다'라는 표현은 기본적으로 '마땅하다', '적절하다'는 의미를 갖는다. 그런데 바울이 그것을 '옳다'라고 하는 기준은 하나님이다. 바울은 '주 안에서' 부모에게 순종할 것을 명하고 있기 때문이다. 부모 자녀라는 천륜의 관계도 주님이신 그리스도 안에서 이해되어야 한다는 것이다. 이를 구체화하기 위해 바울은 부모에 대한 순종이 하나님의 명령이라는 것을 보여 준다.

> 2네 아버지와 어머니를 공경하라 이것은 약속이 있는 첫 계명이니
> 3이로써 네가 잘되고 땅에서 장수하리라 (엡 6:2~3)

바울은 십계명의 5계명을 인용한다(출 20:12, 신 5:16). 그러면서 부모에 대한 순종을 명령하는 5계명이 하나님의 약속을 포함하고 있는 첫 번째 계명이라고 설명한다. 그 약속이란 "잘되고 땅에서 장수한다"는 것이다. 우리는 이 계명을 단선적으로 이해하기 쉽다. "부모님 잘 모시면 성공하고, 오래 사니까 그렇게 해라!" 그러나 바울이 언급한 5계명의 약속은 언약 가운데 주어진 약속이라는 점을 생각해야 한다.

> 너는 네 하나님 여호와께서 명령한 대로 네 부모를 공경하라 그리

하면 네 하나님 여호와가 네게 준 땅에서 네 생명이 길고 복을 누리

리라 (신 5:16)

여기서 '땅'이라는 것은 아무 데나 있는 그냥 땅이 아니라 '하나님께서 주시는 땅', 곧 언약의 땅을 가리킨다. 거기서 장수하면서 잘되어 복을 누린다는 것은 언약 관계 속의 축복을 가리키는 표현이다. 하나님의 명령에 순종할 때, 하나님께서 주시는 땅에서 복을 누릴 수 있음을 말씀하는 것이다.

구약의 이스라엘에게 주어졌던 땅에 대한 약속은 이제 그리스도 안에서 성취되었다. 이 약속은 에베소서 맥락에서는 성도들이 그리스도와 함께 하늘 기업의 상속자가 되었음을 의미한다. 성령의 지배를 받는 성도들은 부모에게 순종하라는 하나님의 약속이 담긴 명령에 순종함으로써, 그들이 하나님의 기업의 상속자라는 사실을 확증한다.

한편 신명기를 보면 부모를 경홀히 여기는 자는 저주를 받을 것이라 하고 모든 백성은 아멘으로 확인하는 장면이 나온다(신 27:16). 그런데 이것이 저주 선언의 시작인 우상숭배자가 받을 저주(신 27:15) 바로 뒤에 위치한다. 다시 말해, 우상숭배자와 부모를 만홀히 여기는 자는 거의 동일 선상에서 저주를 받을 자로 이해된다. 이들에게는 약속의 기업도 없고, 그곳에서 누릴 복도 없다는 것이다.

하나님은 이 명령에 처음으로 약속을 담아 놓으실 만큼 중히 여기셨다. 5계명이 이어지는 6~10계명의 기초를 이루게 하셨다. 부모는 인간에게 있어서 자신의 근원을 생각하게 하는 존재이기 때문이다. 그렇기에 부모에 대해 패역한 자식이 우상숭배자와 동급으로 다뤄지는 것이다. 바울이 '주 안에서' 부모를 공경하라고 말할 때, 결국 인간은 부모를 통해 주님을 기억하게 된다는 사실을 상기시킨다. 이 땅의 부모는 만물의 근원이고, 통치자이신 주님을 표상한다.

또 아비들아 너희 자녀를 노엽게 하지 말고 오직 주의 교훈과 훈계로 양육하라 (엡 6:4)

이 원리는 부모에 대한 명령에도 동일하게 적용된다. 아비들은 자녀를 노엽게 하지 말아야 한다. 당시 아버지는 자녀에게 거의 모든 권한을 행사할 수 있었기에, 자녀들의 분노를 자아내는 양육이 얼마든 이루어졌다. 그러나 바울은 "자녀를 노엽게 하지 말라"라고 단언한다. 그는 이미 앞에서 분노가 어떻게 마귀의 발판이 되는지를 설명한 바 있다(4:26~27). 부모는 자녀가 자신을 향하여 이를 가는 사람이 되지 않도록 주의해야 한다. 앞서 말했듯이 부모는 자녀에게 있어 주님을 표상한다. 우리가 믿는 주님은 우리에게 너그러우신 분이다.

동시에 바울은 적극적으로 '주의' 교훈과 훈계로 양육할 것을 권면한다. 이 두 가지 수단을 엄밀히 나누기 보다는 '주의'라는 수식어에 주목하는 것이 어떠한가? 바른길을 가도록 훈련시키고, 또 그렇지 않을 때는 돌이키도록 하는 것이 주님의 말씀이라는 것을 강조한다. 이것은 우리의 자녀들이 내 것이 아니고, 결국 주님의 것임을 생각하게 한다. 부모는 이 땅에서 주님의 대리자로서 자녀들을 맡고 있을 뿐이다. 자녀는 부모의 소유가 아니다. 자녀를 노엽게 하지 않고 바르게 키우는 길은 모든 것의 주님은 한 분뿐이며, 우리 모두가 그분의 자녀라는 사실에 기초한다.

돌아보면 나는 아버지와 함께한 기억이 별로 없다. 여덟 살 때 돌아가셨기 때문이다. 아버지께서 워낙 엄하셔서 늘 혼이 난 기억 정도 남아 있다. 게다가 아버지가 돌아가시고 홀로 네 남매를 키우셨던 어머니는 큰 보따리를 매고 전국을 떠돌며 옷을 팔러 다니셨다. 부모님이 집에 안 계시다 보니 아버지와 어머니의 역할을 본 적도 생각해 본 적도 없다. 어느덧 시간이 흘러 결혼하고 애를 낳았는데, 그저 낳으면 다 부모가 되고 아빠가 되는 줄 알았는데 그렇지 않았다. 아이가 이쁘기만 하지 그 아이를 어떻게 돌봐야 하는지를 몰랐다. 엄청나게 실수를 많이 했다.

아이를 키우면서 느낀 것은 아이를 낳는다고 다 부모가 되는 것이 아니라는 것이다. 부모가 되어 가는 과정은 결국 하나님에 대해 더욱 알아 가는 과정이다. 자녀를 향한 하나님의 그 너그러움을 깨달아 닮아가는 과정인 것이다. 주의 교훈과 훈계로 가르친다는 것은 결국 그 너그러움 가운데 바른길로 인도해 가시는 하나님의 끈질긴 기다림의 사랑을 배워 가야 한다.

> 종들아 두려워하고 떨며 성실한 마음으로 육체의 상전에게 순종하기를 그리스도께 하듯 하라 (엡 6:5)

마지막으로 바울이 다루는 인간관계는 주인과 종 사이의 관계다. 먼저 이 권면이 사회 문화적인 배경 속에서 주어졌다는 사실을 이전의 내용들보다 더 강조하여 지적할 필요가 있다. 바울이 이 권면을 했을 때는 노예나 종을 부리는 것이 당연시되던 사회였다. 그러나 우리가 살아가는 사회에는 더 이상 이런 식의 주종 관계가 존재하지 않는다. 그러므로 이 권면을 바로 노사 관계라던지 종업원과 주인의 관계로 일대일 치환하여 이해해서는 곤란하다. 오히려 우리는 이 안에서 굵은 원리를 발견하고 그것을 현시대에 적절하게 적용하는 것을 고민해야 한다.

바울의 권면에서 종들에게 요구되는 것은 태도와 마음가짐이다. 주인을 향한 경외심과 떨림을 유지하라는 것이다. '성실한 마음으로', 곧 가식이 아니라 진실함으로 그렇게 하라고 말한다. 여기서 '육체의 상전'이라는 표현은 직역하자면 '육체에서의 주'라는 의미이다. 진정한 주님이신 그리스도와 대비하기 위한 바울의 독특한 표현이다. 바울은 이 땅에서의 주인들이 진정한 주는 아니지만, 마치 그리스도에게 하듯 진정성 있게 그들에게 존경을 표현하라고 말한다.

> 6눈가림만 하여 사람을 기쁘게 하는 자처럼 하지 말고 그리스도의 종들처럼 마음으로 하나님의 뜻을 행하고 7기쁜 마음으로 섬기기를 주께 하듯 하고 사람들에게 하듯 하지 말라 (엡 6:6~7)

6~7절에서는 이것에 대해 보다 자세히 설명한다. '눈가림'이라고 번역된 단어가 재밌다. 이 단어는 직역하면 'eye-service(아이 서비스)'다. 이 단어가 '사람을 기쁘게 하는 자'라는 단어와 함께 사용되고 있는데, 타인의 눈에 띄도록 해서 자신의 인상을 좋게 남기려는 아주 약은 행동을 가리킨다. 주인이 보지 않을 때는 놀고 있다가, 주인이 나타나면 부산하게 움직이면서 마치 지금껏 열심히 해온 양 어필하는 모습을 지적하고 있다.

그것은 마음으로부터 나오는 섬김이 아니다. 바울은 그리스도의 종들은 '마음으로' 하나님의 뜻을 행한다고 말한다. 7절에서도 '기쁜 마음으로' 주님을 섬기듯이 이 땅의 주인을 섬기라고 한다. 비록 종들이 '육체의 상전'을 섬기고 있지만, 하늘의 주인을 섬긴다는 마음과 자세를 가지고 진심으로 일하라는 것이다.

이쯤에서 우리는 바울이 인간관계를 재규정하는 독특한 방식, 혹은 복음적 방식을 다시금 확인하게 된다. 바울은 이 땅에서의 주인과 종의 관계가 진정한 주인이신 그리스도와 그분의 종들의 관계를 표상하는 것으로 이해하고 있다. 부부 관계, 부모와 자녀 관계에 대한 이해와 동일한 원리가 여기서도 적용되는 것이다. 그는 종들이 주인을 섬기는 것을 그리스도께 하는 것처럼 해야 한다고 역설한다. 그렇게 함으로써 진정한 주인이신 그리스도를 드러낼 수 있다고 말하고 있다. 다시 말해, 종이 주인을 마음으로부터 섬길 때 진짜 주인이신 그리스도를 나타낼 수 있다는 것이다.

이는 각 사람이 무슨 선을 행하든지 종이나 자유인이나 주께로부터 그대로 받을 줄을 앎이라 (엡 6:8)

8절이 바로 그러한 의식을 잘 보여 준다. 바울은 육체의 상전, 곧 이 땅의 주인도 결국 진정한 주인이신 그리스도의 심판 앞에 서야 하는 존재임을 보여 준다. 종이든 자유인이든 상관없이 다 주님의 엄중한 판결을 받아야 한다. 결국 눈에 보이는 주인에 대한 존경은, 눈에 보이지 않으시는 진정한 주인에 대한 의식에서 나오는 것이다.

상전들아 너희도 그들에게 이와 같이 하고 위협을 그치라 이는 그

들과 너희의 상전이 하늘에 계시고 그에게는 사람을 외모로 취하

는 일이 없는 줄 너희가 앎이라 (엡 6:9)

이러한 사실은 상전들, 곧 주인들에게도 그대로 적용된다. 주
인들은 종들에게 '이와 같이' 해야 한다. 이것은 8절의 '무슨 선을
행하든지'를 의미한다고 보는 것이 적합하다. 주인들 또한 종들
을 향하여 선을 행하고 적절하게 행동해야 한다. 그것의 구체적
인 적용은 '위협'을 그치는 것이다. 종에 대해 겁박과 폭력을 행사
하는 것은 신분제 사회에서는 일상이었다. 그럼에도 바울은 주
인들이 그렇게 해서는 안 된다고 말하는 것이다.

그 이유는 다름 아니라 하늘에 계신 진짜 상전, 진정한 주인
이 모든 것을 지켜보고 계시기 때문이다. 그분은 외모, 곧 사회적
신분을 따라 사람을 차등하지 않으신다. 사회적인 높고 낮음은
진정한 주인 앞에서 백지화된다. 이 땅에서는 높고 낮음이 존재
할 수밖에 없지만, 하늘의 관점에서 보면 모두 한 주인의 종들일
뿐이다. 이러한 의식은 주인 된 자들이 어떻게 자신보다 낮은 지
위에 있는 종들을 대할지를 결정하게 만든다.

오늘날 우리에게도 동일하게 적용할 수 있다. 우리는 우리의
관계들을 어떻게 생각하고 있는가? 직장의 상사와 부하 직원들
을 생각해 보자. 또 비즈니스의 현장에서 만나는 여러 사람들을

생각해 보자. 감히 내가 하대할 수 있는 사람이 존재하는가? 우습게 여기고 함부로 대할 수 있는 사람이 있는가? 하늘에 계신 주인을 의식한다면 우리는 결코 그럴 수 없다.

지금은 일에 대한 소명 의식이란 게 존재하지 않는 세상이다. 모든 것이 경제 논리로만 설명된다. 그러다 보니 일에서의 책임감이나 보람도 모두 사라졌다. 그러나 그리스도인들은 우리의 일을 하나님께서 허락하신 현장으로 생각해야 한다. 우리는 단지 밥벌이를 위해 일하지 않는다. 주님을 섬기는 마음으로 맡겨진 일을 감당해야 한다. 사람을 대할 때도 주님을 대하듯이, 일을 할 때도 주님께 하듯이 하라는 것이 바울이 권면하는 핵심이다.

결론적으로 성경이 말씀하는 바는 무엇인가? 하늘에 계신 주님을 의식하면서 살라는 것이다. 그것이 우리의 태도와 행동에서, 특별히 모든 관계 가운데서 나타나야 한다는 것이다. 우리의 삶은 하나님과 그리스도를 증언하는 도구이자, 선교의 현장이다. 우리의 신앙은 일상과 분리될 수 없다.

16 그 힘의 능력으로 강건하라

에베소서 6:10~20

＊

어느덧 에베소서의 막바지에 이르렀다. 바울은 이제 이 서신을 마무리하면서 성도들을 향하여 마지막 당부를 보낸다.

끝으로 너희가 주 안에서와 그 힘의 능력으로 강건하여지고 (엡 6:10)

바울이 마지막으로 에베소 성도들을 향하여 남기고자 하는 말은 "강해져라!"라는 것이다. 개역개정은 '강건하여지고'라고 좀 부드럽게 번역하였지만, 사실 이 단어는 강한 힘과 능력을 나타내는 표현이다.

에베소서 안에는 생각보다 '힘'에 대한 이야기가 많이 있다. 1

장에서 바울은 하나님의 '능력'이 무엇인지 성도들이 깨닫게 해 달라고 기도했다(1:19). 3장에서 자신의 복음 사역이 하나님 능력 의 역사였다는 것을 말했다(3:7). 또한 그는 다시금 성도들을 위 해 기도하면서, 하나님께서 성도들의 속사람을 강건하게 하실 것을 기도했다(3:16). 그 하나님은 우리의 간구와 생각을 뛰어넘 는 능력으로 역사하신다(3:20).

놀랍게도 바울이 힘에 대해서 이야기할 때, 그 힘은 항상 하 나님의 능력을 향하고 있다. 여기서도 마찬가지다. 성도는 무엇 으로 강해지는가? 주님 안에서 그 힘의 능력으로 강해진다. 바울 이 지금 에베소 성도들을 향하여 강해지라고 말할 때는, 없던 힘 을 짜내라는 말이 아니다. 주 안에서, 그 힘의 능력을 입어 강해 지라는 것이다.

성도는 하나님의 능력으로 살아가는 존재이다. 이것이 성도 가 누구인가에 대한 아주 단순한 정의다. 성도는 자기 힘이 아니 라 하나님의 힘으로 살아간다. 하나님 믿는다고 하지만 끝끝내 자기 힘으로 아등바등하며 살아가는 사람들을 자주 본다. 하나 님 믿는다면 하나님의 힘으로 살아야 한다. 하나님은 늘 우리에 게 물으신다. "네 힘으로 할래? 내 힘으로 살래?" 성도는 전적으 로 하나님께 의존하는 존재여야 한다.

우리는 내 힘으로 버둥거리고 살아가는 것 같지만 하나님이 주시는 힘으로 살 때 그것이 완전한 것이다. 한 친구 목사가 나이

육십이 되던 어느 날 갑자기 식사를 하자고 해서 만나게 되었다. 그는 지금껏 교회를 일곱 번 개척했고, 지금은 다른 교회에 부임하여 사역하고 있었다. 그 목회 여정이 정말 험난하지 않았겠는가? 그가 생일날 이렇게 말했다. "내가 손을 댄 건 다 망했다. 그런데 내가 손을 안 댄 건 잘됐다." 나는 짓궂게도 "네가 손을 안 대서 잘된 건 뭐냐"라고 물었더니 자기 아이들이 잘됐다고 한다. 듣고 보니 맞는 말이었다. 목회 사역으로 워낙 바빴기에 자녀들에게 별로 손을 쓰지 못했는데, 오히려 알아서들 잘 컸다. 우리 인생을 주도하시는 분은 하나님이시라는 것을 정말 인정하지 않을 수 없었다.

> 11마귀의 간계를 능히 대적하기 위하여 하나님의 전신 갑주를 입으라 12우리의 씨름은 혈과 육을 상대하는 것이 아니요 통치자들과 권세들과 이 어둠의 세상 주관자들과 하늘에 있는 악의 영들을 상대함이라 (엡 6:11~12)

바울은 성도들에게 왜 강해지라고 말할까? 그 이유는 마귀의 간계가 있기 때문이다. 마귀는 속임수를 통해 성도들을 걸려 넘어뜨리려 한다. 우리는 그들을 상대하는 싸움을 싸우고 있다. 여기서 혈과 육은 몸을 가진 인간을 가리키는 전형적인 표현이다. 반면에 통치자들, 권세들, 어둠의 세상 주관자들, 하늘에 있는 악의 영들은 모두 영적인 세력들을 가리킨다. 마귀는 이들과 함께 성도들을 대적한다. 그들은 끝까지 성도들의 발목을 붙잡고 싶어 한다. 성도들은 전에 마귀의 하수인 노릇을 하던 사람들이었기 때문이다. 자신의 마음과 욕심을 따라서 살던 사람들은 모두 공중의 권세 잡은 마귀의 지배 아래 있었다(2:1~3).

하나님의 사랑으로, 그리스도로 말미암아 우리는 마귀의 지배에서 벗어났다. 이제 하나님 은혜의 통치 안에 있게 되었다. 우리의 소속이 달라지고, 우리 삶의 방향이 달라졌다. 마귀 입장에서는 얼마나 아쉽고 안타까운 일인가? 마귀는 자신의 뛰놀 발판을 찾기에 혈안이 되어 있다(4:27). 이것이 우리가 이 땅에서 마주하고 있는 영적인 전투의 실체다.

오늘날 교회는 이런 영적 전투에 대해 무감각하기 쉽다. 우리는 모든 것을 이성과 논리로 판단하는 경향이 있다. 과연 그런가? 우리 신앙생활은 이성으로 설명되지 않는다. 교회가 논리와 계획으로 이뤄지는 공동체인가? 그렇지가 않다. 정말 우리가 성도로 살아가고, 교회로 살아가기에 힘쓰면 마귀가 그것을 싫어한다는 것을 피부로 느낀다. 일이 어그러지고, 관계가 뒤틀린다. 지성으로 헤아릴 수 없는 일들이 수없이 일어난다.

이 땅에서 벌어지고 있는 일들 속에서, 교회 공동체 가운데서 마귀는 언제나 우리와 하나님 사이를 깨는 것을 일차 목적으로 갖고 있다. 마귀는 성도와 성도 사이에 틈을 만들어서 자신의 간계와 속임수로 이간질을 시킨다. 이 땅에 세워진 거룩한 공동체를 파괴하고 깨뜨리는 것이 마귀의 전략이다. 여기에 수많은 한국교회가 나가떨어졌다. 마귀의 간계에 속아서 그렇다. 이것은 우리가 이성적으로 합리적으로 논리적으로 접근해야 할 문제가 아니다. 우리는 이 세상 속에서 내가 세속적인 일을 하는 것 같더라도, 그 일의 근본을 영적인 싸움으로 이해해야 한다. 그것은 내가 혈과 육으로 대항할 싸움이 아니다.

사람의 방식으로는 풀리지 않는다. 바울이 말하지 않았는가? 우리는 사람을 상대하고 있는 것이 아니다. 영적인 세력들을 상대하고 있다. 우리가 하나님의 능력으로 강해져야 하는 이유는 하나님의 능력만이 이것들을 대적할 수 있기 때문이다. 교회는 영적인 전투 가운데 있다.

> 그러므로 하나님의 전신 갑주를 취하라 이는 악한 날에 너희가 능히 대적하고 모든 일을 행한 후에 서기 위함이라 (엡 6:13)

바울은 주 안에서, 그의 능력으로 강해지라고 말한 것을 이제는 '하나님의' '전신갑주'를 입으라는 표현으로 달리한다. 전신갑주는 전투를 위한 군인의 갑옷과 무기를 말한다. 바울은 아마 로마 군인의 모습을 떠올리면서 이런 표현을 사용했을지 모른다. 그런데 더 중요한 출처가 있다.

14정의가 뒤로 물리침이 되고 공의가 멀리 섰으며 성실이 거리에 엎드러지고 정직이 나타나지 못하는도다 15성실이 없어지므로 악을 떠나는 자가 탈취를 당하는도다 여호와께서 이를 살피시고 그 정의가 없는 것을 기뻐하지 아니하시고 16사람이 없음을 보시며 중재자가 없음을 이상히 여기셨으므로 자기 팔로 스스로 구원을 베푸시며 자기의 공의를 스스로 의지하사 17공의를 갑옷으로 삼으시며 구원을 자기의 머리에 써서 투구로 삼으시며 보복을 속옷으로 삼으시며 열심을 입어 겉옷으로 삼으시고 18그들의 행위대로 갚으시되 그 원수에게 분노하시며 그 원수에게 보응하시며 섬들에게 보복하실 것이라 (사 59:14~18)

바울이 여기서 묘사하는 전신갑주의 모습들을 가장 닮아 있는 것은 이사야가 그리는 전투하시는 하나님의 이미지이다. 여기서 하나님은 세상에 정의와 공의가 없는 것과 불의가 만연한 것을 보시면서 스스로 이 땅에 구원을 베푸시는 분으로 묘사된다.

무엇보다 하나님은 이 땅의 불의를 일으키는 원수들을 향하여 대갚음하시는 분인데, 그분의 갑옷은 공의이며, 머리에는 구원의 투구를 쓰셨다. 그분의 속옷은 보복이며, 겉옷은 열심이다. 이뿐만 아니라 이사야에서 그리는 하나님과 메시아의 다양한 이미지들이 바울이 묘사하는 전신갑주 안에 녹아들어 있다(사 11:4~5, 52:7).

핵심은 간단하다. 바울은 주 안에서, 그의 능력으로 강해지라고 말씀했다. 하나님의 전신갑주, 곧 하나님으로부터 온 전신갑주를 입으라고 말한다. 그것은 불의와 싸우시는 하나님의 모습이며, 이 땅에 보내신 전투하는 메시아의 모습이다. 결국 우리는 하나님과 그리스도의 능력을 입어야 한다.

중요한 것은 여기서 언급되는 전신갑주의 핵심 키워드들이 이미 에베소서 안에서 다루어졌다는 것이다. 우리는 이것을 잘 생각해야 한다. 간단히 살펴보자.

그런즉 서서 진리로 너희 허리 띠를 띠고 의의 호심경을 붙이고

(엡 6:14)

먼저 '서서'라는 표현은 13절에서 두 차례 등장했다. '대적하다', '서기 위함이다'가 다 같은 어근을 가진다. 쉽게 말해 쓰러지지 말고, 밀리지 말고, 딱 버티고 서 있으라는 것이다. 일관된 자세를 유지하는 것이 강조된다.

이어서 전신갑주 목록이 제시된다. 첫째는 '진리', 둘째는 '의'다. 흥미롭게도 에베소서에서 이 둘은 짝이 되어 다닌다.

하나님을 따라 의와 진리의 거룩함으로 지으심을 받은 새 사람을

입으라 (엡 4:24)

빛의 열매는 모든 착함과 의로움과 진실함(진리)에 있느니라 (엡 5:9)

의로움과 진리는 하나님께 속한 것이다. 또한 빛의 열매들이다. 반면 마귀는 거짓의 아비이며, 궤계 곧 속임수를 쓰는 자다. 그러므로 거짓과 속임수를 대적할 수 있는 것은 하나님께 속한 의와 진리다.

평안의 복음이 준비한 것으로 신을 신고 (엡 6:15)

다음으로는 '평안의 복음'이다. '평안'이라고 하면 마음에 근심이 없는 상태를 가리키는 것으로 오해하기 쉽다. 그런 용례도 분명 있지만, '평안(에이레네)'은 기본적으로 '화평'과 '샬롬'을 가리킨다. 2장에서 바울은 그리스도가 우리의 화평이라는 사실을 말씀했다(2:14~17). 성령은 그 화평으로 교회를 묶어 하나가 되게 하신다(4:3). 반면 마귀는 성냄과 분냄을 통해 하나 됨을 깨는 것에 골몰한다. '적을 알면 나를 안다'라는 말처럼, 마귀가 가장 좋아하는 것이 하나님이 가장 싫어하시는 것임을 알아야 한다. 반대로 마귀가 싫어하는 것이 곧 하나님이 기뻐하시는 일이다. 마귀는 하나 됨을 깨뜨리지만, 복음은 관계의 화평을 회복한다.

16모든 것 위에 믿음의 방패를 가지고 이로써 능히 악한 자의 모든

불화살을 소멸하고 17구원의 투구와 성령의 검 곧 하나님의 말씀을
가지라 (엡 6:16~17)

바울이 마지막으로 언급하는 것들은 믿음, 구원, 그리고 하나님의 말씀이다. 성도는 믿음으로 말미암아 구원을 얻었다 (2:8). 믿음은 우리가 하나님께 담대함과 확신으로 나아가게 하고 (3:12), 또한 말씀은 교회를 거룩하게 하여 하나님 앞에 서게 한다 (5:26~27).

결국 성도와 교회가 마귀와의 영적 전투에서 승리할 수 있는 비결은 하나님께 나아가고 그분 앞에 서 있는 것이다. 그것을 가능하게 하는 것이 믿음이고, 또한 말씀이다. 그러므로 바울이 이 다양한 용어와 표현들을 통해서 보여 주고자 한 것을 이렇게 한 마디로 정리할 수 있겠다. "하나님 앞에 딱 버티어 서 있고, 넘어져도 십자가 앞에서 넘어져라."

이 싸움은 애초에 사람이 감당할 수 있는 싸움이 아니라고 했다. 연약하고 한계 많은 혈육이 감당할 수 있는 싸움이 아니다. 그렇지 않았다면 그리스도께서 오실 이유가 없었을 것이다. 그리스도는 우리를 구원하시고, 우리에게 새 생명을 주셨다. 이제 우리는 하나님 앞에 살아간다. 그분의 능력으로 산다.

영적 전투를 너무 두려워할 필요는 없다. 바울이 이 대목을 설명하면서 질 수도 있으니까 조심하라는 식으로 말하는가? 그

렇지 않다. 바울은 이미 하나님의 능력이 얼마나 위대한지를 찬양해 왔다. 그분의 능력은 죽은 자를 일으키시는 생명의 능력이다. 그 능력이 그리스도뿐 아니라, 죄와 허물로 죽었던 우리도 일으키셨다. 그 능력은 언제든 우리를 일으키고 승리하게 하실 것이다.

> 모든 기도와 간구를 하되 항상 성령 안에서 기도하고 이를 위하여
> 깨어 구하기를 항상 힘쓰며 여러 성도를 위하여 구하라 (엡 6:18)

바울은 전신갑주 이야기를 마치면서, 비밀 무기를 하나 남겨 놓은 것처럼 말하고 있다. 사실상 가장 긴 분량으로 이것에 대해 말한다. 바로 기도이다.

우리는 이 구절에서 '모든'이라는 표현을 네 번이나 발견한다. '모든' 기도와 간구를, '항상' 곧 모든 때에 성령 안에서, '항상' 힘쓰며, '여러(모든)' 성도를 위하여 구하라. 이로써 바울은 기도의 종류, 기도의 때, 기도의 태도, 기도의 범위를 아주 넓게 펼쳐 놓는다. 모든 것을 기도가 지배하게 하려는 듯이 보인다.

이러한 태도는 사실 에베소서 안에서 바울이 보여 준 모습이다. 그는 1, 3장에서 에베소 성도들을 위해 기도했다. 그뿐만 아니라 그는 기도할 때마다 이 성도들을 기억하고 있었다(1:16). 바울의 사역을 지배하는 것은 다름 아닌 기도였다. 이제 그는 성도

들에게 부탁한다. '모든 성도'를 위하여 구할 때에 자신도 꼭 포함시켜 달라는 것이다.

> 19또 나를 위하여 구할 것은 내게 말씀을 주사 나로 입을 열어 복음의 비밀을 담대히 알리게 하옵소서 할 것이니 20이 일을 위하여 내가 쇠사슬에 매인 사신이 된 것은 나로 이 일에 당연히 할 말을 담대히 하게 하려 하심이라 (엡 6:19~20)

바울의 기도 제목은 단순하다. 입을 열어 복음의 비밀을 담대히 알리게 해 달라는 것이다. 그는 지금 그것을 위해 투옥되어 있다. 비록 매여 있지만, 여전히 하나님의 대사로 하나님의 사신으로서 일한다. 그가 처한 환경과 상관없이 복음은 계속해서 선포될 것이다.

결국 하나님의 능력으로 강해지는 것의 마지막은 기도에 있다. 기도는 모든 것을 하나님께 의지하는 태도에서 나오는 것이다. 스스로의 힘으로 문제를 풀지 않고, "하나님의 힘으로 풀겠습니다"라는 고백이 기도의 자리로 우리를 이끈다.

17 신실한 형제, 두기고

에베소서 6:21~24

✳

이제 에베소 교회를 향한 서신의 마지막 부분에 이르렀다. 특별히 이 짧은 끝인사를 별도로 떼어서 풀어내고자 하는 이유는 바로 감추어진 인물, 두기고 때문이다.

나의 사정 곧 내가 무엇을 하는지 너희에게도 알리려 하노니 사랑을 받은 형제요 주 안에서 진실한 일꾼인 두기고가 모든 일을 너희에게 알리리라 (엡 6:21)

바울은 이 편지의 전달자인 두기고를 마지막에 소개하고 있다. 그는 지금 바울과 함께 있으며 바울이 처한 상황을 정확히 알려 줄 적임자였다. 아쉽게도 두기고의 활동에 대해서 성경이 많은 정보를 제공하지는 않는다. 그는 아시아 출신으로 바울의 선교 여행에 동행했으며(행 20:4), 에베소와 골로새에 바울의 편지를 전달했고(골 4:7), 후에는 바울의 파송을 받아 에베소 지역에서 사역했던 것으로 보인다(딤후 4:12). 우리는 그가 바울 가까이에서 함께한 동역자 중 하나였다는 사실 정도 알 수 있다.

한 가지 분명한 점은 그가 전면에 등장하는 인물은 아니지만 자기 역할을 정확히 아는 사람이었다는 것이다. 그는 하나님 나라 복음의 확장을 위해 온 열정을 다하여 자신의 인생을 던진 바울을 보며 자신도 같은 마음으로 그를 따르고 섬겼다. 우리가 주목할 것은 에베소서 끝자락에서 바울이 두기고를 소개하는 내용이다. 바울은 그를 두 가지 표현으로 소개한다. 첫째는 '사랑을 받은 형제'이고, 둘째는 '주 안에서 진실한 일꾼'이다.

바울은 먼저 두기고를 사랑을 받은 형제로 소개한다. 그는 분명 하나님께로부터 사랑받은 자이며, 또한 성도들로부터 사랑받는 동역자였다. 성경 전체가 그러하지만 에베소서도 성도들을 향한 하나님의 사랑을 매우 강조한다. 특히 바울에게 있어서 '하나님의 사랑'은 진노의 자녀들을 구원받게 한 가장 중요한 기초다.

3전에는 우리도 다 그 가운데서 우리 육체의 욕심을 따라 지내며 육체와 마음의 원하는 것을 하여 다른 이들과 같이 본질상 진노의 자녀이었더니 4긍휼이 풍성하신 하나님이 우리를 사랑하신 그 큰 사랑을 인하여 5허물로 죽은 우리를 그리스도와 함께 살리셨고 (너희는 은혜로 구원을 받은 것이라) (엡 2:3-5)

허물로 인해 죽어 있던 우리를 살리시고, 구원하신 유일한 동기는 하나님의 사랑이다. "하나님이 우리를 사랑하신다"라는 어쩌면 너무나도 단순한 명제가, 성경이 가르치고자 하는 가장 큰 이야기이다. 그래서 바울은 에베소 모든 성도가 그리스도의 사랑을 헤아릴 수 있기를 기도하였다.

능히 모든 성도와 함께 지식에 넘치는 그리스도의 사랑을 알고 (엡 3:18)

성도를 향한 하나님 아버지와, 주 예수 그리스도의 사랑은 우리의 헤아림을 넘어서는 것이다. 교회와 성도의 유일한 과업이 있다면, 그 사랑을 날마다 새롭게 인식하는 것이다. 그 사랑을 날마다 새롭게 경험하는 것이다.

문제는 그 사랑을 어떻게 경험하느냐 하는 것이다. 무엇보다 하나님의 말씀 곧 복음을 통해서, 우리는 하나님의 사랑을 배운다. 그 사랑이 무엇인지 깨달아 가게 된다. 그런데 실제로 그 사랑이 몸과 마음으로 경험되어지는 것은 교회 공동체 안에서다. 사랑은 개념이 아니라, 실제이며 동사다. 하나님께서 우리에게 보이신 사랑은 말로만 한 사랑이 아니었다. 그리스도께서 자신의 몸을 내어 주신 사랑이었다. 매우 구체적인 사랑이며, 희생적인 사랑이다.

그 사랑은 사랑받은 자녀들 안에서 흘러나와 연습되어진다. 그 공간이 다름 아닌 교회다. 교회는 연약한 지체들이 모여서, 하나님의 사랑을 채워 가는 곳이다. 부족하지만 용납함으로 그 사랑을 실질적으로 경험하는 곳이다. 그것을 잘 보여 주는 구절이 에베소서 5장 1~2절이다.

> 1그러므로 사랑을 받는 자녀 같이 너희는 하나님을 본받는 자가 되고 2그리스도께서 너희를 사랑하신 것 같이 너희도 사랑 가운데서 행하라 그는 우리를 위하여 자신을 버리사 향기로운 제물과 희생 제물로 하나님께 드리셨느니라 (엡 5:1~2)

성도의 삶이 변화될 수 있는 유일한 기초는 하나님의 사랑이다. 하나님 아버지의 사랑을 받는 자녀가 되었다는 것이 성도에게 주어진 새로운 정체성이다. 그 사랑은 입에만 맴도는 사랑이 아니라, 그리스도의 희생으로 나타난 사랑이다. 자신을 제물로 내어 주신 사랑이다.

교회는 바로 이런 사랑을 받은 자녀들의 공동체이다. 하나님은 그런 교회에 무엇을 기대하시는가? 아버지를 본받는 것이며, 맏아들이신 예수를 본받는 것이다(롬 8:29). 그분의 사랑을 배우고, 경험하고, 실천하고, 그 안에서 인생길을 걸어가길 기대하신다. 이렇게 사랑이 그의 자녀들에게 확장되는 것이 하나님의 기뻐하시는 뜻이다. 하나님과 예수 그리스도의 사랑이 교회를 통하여 계속하여 확장되어 가는 것이 곧 선교다.

'사랑을 받은 형제'라는 말 속에서 우리는 먼저 하나님과 그리스도의 사랑을 발견한다. 하나님께서 한 사람을 세우시기까지 어떻게 그를 사랑하셨는가를 보게 된다. 그리고 한 사람이 성도들의 사랑을 통해 어떻게 하나님의 동역자로 세워지는가를 생각하게 된다. 물론 우리는 두기고의 사정을 다 알 수 없다.

그러나 그가 여기까지 올 수 있었던 것은 하나님의 사랑 덕분이며, 또한 그를 향한 성도들의 사랑 덕분이다. 그가 잘나서 지금 이 중대한 임무를 맡게 된 것이 아니라, 성도들이 지금까지 그를 사랑으로 용납하였기 때문에 가능한 일이었을 것이다. 사랑은 참고 기다려 주는 것이다. 그것이 하나님 사랑의 본질이자, 또한 교회 안에서 나타나야 할 사랑이다.

두기고를 수식하는 두 번째 표현은 '주 안에서 진실한 일꾼'이다. 여기서 '진실한'이란 형용사는 '피스토스' 곧 믿음직한, 신실한이라는 의미다. 아마도 성도에게 붙여질 수 있는 가장 영예로운 형용사가 있다면, 그것은 다름 아닌 '신실하다'는 표현일 것이다. 믿음직해서 무엇이든 맡길 수 있는 사람, 두기고는 그렇게 소개된다.

두기고가 어떤 일을 얼마나 믿음직하게 감당했는지 우리가 잘 알지는 못한다. 그는 분명 바울과 늘 함께했던 사람이고, 끝까지 배신하지 않은 사람이었던 것 같다. 바울의 사역 후기에 기록된 디모데후서에서, 데마는 이 세상을 사랑하여 바울을 버린 사람으로 소개되지만(딤후 4:10), 두기고는 에베소로 파송(4:12)된 인물로 언급된다는 점이 그것을 보여 준다.

그에 앞서 두기고는 에베소서와 골로새서를 전달하는 중책을 맡았으며, 바울이 디도를 가까이 부르기 위해, 잠시 디도를 대신하여 사역을 맡길 후보로도 언급된다(딛 3:12)는 점에서 바울의 신임을 얻은 동역자이었음을 알 수 있다.

그리하여 두기고는 사랑받는 형제이자, 주의 신실한 일꾼으로 불리게 되었다. 우리는 이 두 가지 정체성을 함께 언급한다는 것에 주목할 필요가 있다. 형제로서의 존재적 신분과, 일꾼이라는 사명의 직분이 함께 한다. 그리고 사랑과 신실함이 함께 간다. 순서를 따지자면 존재가 먼저고, 사랑이 먼저다. 그 다음이 사명이고 신실함이다. 이 순서가 중요하다. 내가 그리스도 안에서 누구인지를 아는 것이 우선되어야 한다. 이것은 하나님이 우리를 어떻게 사랑하셨는가와 직결된다. 그러고 나서 내가 무엇을 해야 하는가가 질문되어야 한다. 존재와 사명은 분리되지 않는다.

여기서 더 깊이 살펴보고자 하는 것은 사랑과 신실함 혹은 믿음의 관계다. 이것이 중요한 이유는 바울이 이 주제를 서신의 끝에서 강조하고 있기 때문이다. 다시 말해, 이 편지를 전달하는 두 기고에 대한 소개에는 에베소 성도들을 향한 바울의 마지막 바람이 담겨 있다고 할 수 있다.

> 아버지 하나님과 주 예수 그리스도께로부터 평안과 믿음을 겸한
> 사랑이 형제들에게 있을지어다 (엡 6:23)

23절은 평범한 인사로 보인다. "화평이 있을지어다"라는 인사 자체는 특별하지 않다. 다만 바울이 에베소서 내내 강조했던 주제가 '화평'이라는 점을 생각하면 그리 단순한 인사도 아니다. 그리스도는 우리의 화평이 되셔서(2:14), 하나님과 진노의 자녀들 사이의 관계를 회복시키셨을 뿐만 아니라, 이방인과 유대인 사이의 관계도 회복시키셨다. 수직적인 관계, 수평적인 관계 모두 그리스도께서 이루신 일로 화평하게 되었다.

이 화평은 하나 됨을 의미한다. 그것은 하나님과 그리스도께서 주신 것이다. 그런데 바울은, 그것이 자동적으로 유지되는 것이라 말하지 않는다. 오히려 공동체의 화평을 유지하기 위해 갈망할 것을 요구한다.

평안의 매는 줄로 성령이 하나 되게 하신 것을 힘써 지키라 (엡 4:3)

바울이 "화평이 있을지어다"라고 인사할 때, 거기에는 이 명령에 대한 반복이 담겨 있다고 해도 과언이 아니다. 하나님께서 주신 공동체의 화평을, 성령이 주시는 능력으로 지켜 내라는 것이다.

그렇다면 하나 됨을 지키는 방법은 무엇일까? 법과 제도를 잘 만들면 가능할까? 어느 정도 도움이 될 수 있을지도 모르겠다. 그러나 공동체의 하나 됨을 유지하는 가장 근본적인 원천은 사랑, 오래 참고 기다리는 사랑이다.

모든 겸손과 온유로 하고 오래 참음으로 사랑 가운데서 서로 용납

하고 (엡 4:2)

그렇기에 바울이 끝인사로 하나님과 그리스도로부터 '화평'에 이어 '사랑'을 언급하는 것은 자연스럽다. 이미 우리는 '사랑받는 형제' 두기고의 이야기를 통해, 하나님과 그리스도의 사랑이 어떻게 교회 공동체를 통해 연습되어야 하는가를 살펴보았다. 따라서 "하나님의 사랑이 이 교회 공동체에 있을지어다"라는 축복은 또 다른 과제를 이 교회에 안기는 것이다. 사랑 가운데서 서로 용납함으로써 하나님이 주시는 화평을 유지하라는 것이다.

그것이야말로 교회가 '대조 공동체'로서 분열로 가득한 세상을 향해 보여 줄 수 있는 복음의 능력이다.

> 아버지 하나님과 주 예수 그리스도께로부터 평안과 믿음을 겸한
> 사랑이 형제들에게 있을지어다 (엡 6:23)

23절을 다시 보면, 바울이 사랑을 말하는데, '믿음을 겸한 사랑'으로 되어 있는 것을 볼 수 있다. 우리가 지금 '사랑과 믿음'의 관계에 대해서 말하고 있음을 잊지 말자. 바울은 사랑받는 형제, 신실한 일꾼인 두기고를 언급한 직후에, 다시금 에베소 교회에 사랑과 믿음이 있기를 축복하고 있다. 사랑과 믿음은 함께 간다.

앞서 바울은 두기고를 '신실한' 일꾼이라고 불렀듯이, 에베소 성도들을 '신실한 자들'이라 불렀다(1:1). 이것은 '믿음을 가진 자들'이라는 의미도 되지만, 개역개정의 번역대로 '신실한' 사람들로 생각되는 것이 좋을 것이다. 신실하다는 것은 믿음직하다는 것이며, 끝까지 일관성을 유지한다는 것이다.

물론 두기고에게나, 에베소 성도들에게 신실한이란 수식을 붙이는 것이 얼마나 놀라운 일인지 우리는 생각해 볼 만하다. 우리는 인간이 연약하다는 것과, 쉽게 변한다는 것을 늘 경험하며 살아왔다. 우리 자신도 얼마나 쉽게 바뀌고, 잘 넘어지는가? 그러나 우리의 변화무쌍함과 달리 하나님은 신실하시다. 그분은

우리를 향하여 일관되시다. 그분의 사랑은 신실한 사랑이다.

바울은 에베소 성도들에게 하나님과 주 예수 그리스도로부터 오는 믿음이 있기를 축복했다. 즉, 이미 그들은 믿은 자이지만, 하나님 앞에 신실한 자로 남아 있어야 한다. 그것은 인간의 노력과 의지에서 비롯될 수 없다. 하나님이 그 불가능한 것을 가능하게 하시는 분이다. 예수님은 베드로가 배반하여 넘어질 것을 아시면서도 그의 믿음이 떨어지지 않기를 기도하셨다(눅 22:32). 하나님과 그리스도의 신실하신 사랑이 우리를 신실함의 자리로 이끄는 유일한 능력이다.

> 우리 주 예수 그리스도를 변함없이 사랑하는 모든 자에게 은혜가
>
> 있을지어다 (엡 6:24)

에베소서의 맨 마지막 구절 또한 마찬가지다. 바울은 '은혜'가 있기를 축복한다. 그런데 그 대상이 누구인가? 우리 주 예수 그리스도를 '변함없이' 사랑하는 모든 자들이다.

여기서 '변함없이'로 번역된 단어는 '썩지 않음'이란 의미를 갖는다. 그래서 변치 않고 영원하다는 의미로 이해될 수 있다. 옛 사람은 유혹과 욕심을 따라 썩어져 가지만(4:22), 하늘에 예비된 영원한 유업을 상속받을 이들은(1:3) 영원하신 그리스도를 신실하게 사랑한다.

우리는 '변함없다'라는 말을 발견하기 참 어려운 시대를 살아가고 있다. 모든 것이 쉽게 바뀐다. 무엇보다 사람의 마음만큼 쉽게 바뀌는 것도 없다. 그럴 때, 우리가 붙들어야 할 것은 영원한 진리이신 그리스도다.

그러므로 진리 안에서 사랑하라는 것은, 하나님과 그리스도께서 보이신 신실한 사랑으로 사랑하라는 것이다. 우리의 마음은 쉽게 흔들리지만, 하나님과 그의 아들 그리스도는 당신의 몸을 내어 우리를 사랑하셨다. 그 사랑은 신실한 사랑이며, 일관된 사랑이다. 우리의 모든 관계는 그 신실한 사랑에 기초해야 한다. 그 사랑이 우리의 화평을 이루셨다. 그 신실함이 우리를 오늘 이 자리까지 인도하셨다. 그 사랑은 오래 참고 변치 않는 사랑이다.

두기고가 사랑받는 형제, 신실한 일꾼으로 불린 것처럼, 에베소 교회도 그러한 사랑과 신실함 안에 있기를 바울은 간구했다. 오늘 우리 각자의 삶의 자리에서, 주님 오시는 그날까지, 주님과 성도를 향한 신실한 사랑에 붙들리길 소원한다.